戦国乱世と天下布武

動乱の日本16世紀

和 邦夫
Yamato Kunio

一般財団法人
大蔵財務協会

はじめに

16世紀の日本は未曽有の動乱の時代であった。「戦国乱世」と呼ばれた時代である。合戦の勝利と躍進、敗北と滅亡、艱難辛苦の復活、様々な調略、目まぐるしい合従連携、背信、武勇譚などが溢れる時代であり、この時代を題材に多くの書物が書かれている。

畿内の足利将軍、細川、畠山、三好氏などによる戦乱、関東・信越・東海では北条、山内・扇谷上杉、今川、武田、上杉（長尾）氏、西国では大内、毛利、尼子、大友、島津氏などの攻防と盛衰、そして、信長、秀吉、家康による天下統一に向けての戦と1世紀余にわたり戦乱の世が展開された。

信玄と謙信が戦った有名な「川中島の戦」は何故起こり、終わったのか。桶狭間の戦は巷間伝えられるような信長の奇襲ではなかった。明智光秀が本能寺の変を起こした真因は。秀吉の朝鮮侵攻と講和の真相。豊臣家臣団の分裂、それを利用した家康、関ケ原戦の実相など興味尽きないテーマは山のようにある。

戦国乱世の時代の出来事は江戸時代に書かれた軍記物や様々な小説として語られるものが多く、そこに記されたことが広く流布している。

本書は、戦国の世に起きた様々な事柄を、史実はどうであったのか、事の真相はどうであったのかを出来る限り明らかにしたいと考え、執筆した。ご一読頂ければ幸いである。

平成31年2月

著者

第2章　天下布武――織田信長

V　信長の評価

第3章　豊臣秀吉の天下統一と朝鮮戦役

＊カバー表　紙――「大坂夏の陣図屛風」右隻部分（大阪城天守閣蔵）
＊カバー裏表紙――「天下布武の印」

序章

戦国時代

応仁の乱勃発地（上御霊神社・京都市）

・足利尊氏により創立され、3代義満の時代に「室町の平和」を実現した足利幕府は、4代以降、次第に求心力を失い、8代義政の時代に昏迷の末、応仁の乱が起る。その後、臣下が将軍を交代させる下克上の明応の変を経て、足利幕府は全国統治機能を失った。
関東を統治してきた足利義詮《よしあきら》、基氏兄弟を祖とする鎌倉公方家も古河、堀越、小弓に分裂、関東の統治機能を失う。鎌倉公方を補佐、将軍家との仲介、調停役を果たしてきた関東管領上杉家も山内、扇谷《おおぎがやつ》、犬懸《いぬがけ》に分裂、各地の豪族と結び、一族が争うようになり、関東も乱世となる。時代は、世の中は諸大名、諸豪族が策略、武力で、その領土、勢力域を競う戦国乱世になった。
・戦国の世は、応仁の乱(1467~1477年)、明応の変(1493年)から大坂夏の陣(1615年)まで、凡そ100年余続いた。戦国乱世の主役は、今川、北条、武田、上杉、大内、毛利、三好、本願寺一向宗などであろう。
北条早雲(1456~1519年)、毛利元就(1497~1571年)、武田信玄(1521~1573年)、上杉謙信(1530~1578年)などが、その領土、勢力範囲を巡って各地域で相争った世界である。その過程で、足利将軍家を始め室町時代の名族、大大名であった細川、畠山、斯波の管領家、関東管領上杉、山名、大内、赤松氏などが相次いで凋落していった。

戦国時代の後半、戦国の世を終了させ、全国統一政権樹立へ向けて動いたのは織田信長（１５３４〜１５８２年）であった。信長横死後、豊臣秀吉（１５３７〜１５９８年）が引き継ぎ、全国統一を実現、そして、秀吉没後に全国支配の長期政権を築いたのは徳川家康（１５４２〜１６１６年）であった。

戦乱の世の終息へと動き出したのは、１５６８年の足利義昭を擁しての信長上洛であり、全国制覇の最終戦が１５９１年の秀吉の奥州征伐であった。天下統一へ信長が動き始めてから秀吉によりそれが達成されるまで20余年である。統一への大きな勢い、流れが生じたのである。

秀吉の死を受けた天下分け目の戦とされる１６００年の関ケ原戦は、徳川家康の東軍の勝利、石田三成の西軍の完敗であった。その後、次第に家康が天下の実権を握り、１６１５年の大阪夏の陣で豊臣家が滅亡、戦国の世は完全に終結、徳川の時代となった。

・戦国時代には餓死よりも戦が怖いと言われた。戦国の世では戦乱が全国各地で生じ、戦場となった地では財物、人の略奪が行われるのが常態で、飢餓は恐ろしいが、戦の惨禍はもっと恐ろしいと人々は感じていた。

加えて15世紀後半〜16世紀は寒冷の時代で飢餓・疫病が頻発している。こうした時代に生きた当時の在地の人々の生活は極めて厳しいものであった。

・本稿は、応仁、明徳以降、信長上洛以前の戦国乱世の時代を略述し、信長、秀吉、家康による全国統一への過程、戦乱の時代終息への出来事を詳述する。史実は如何なるものであったかの追及を目指したい。

足利家系図

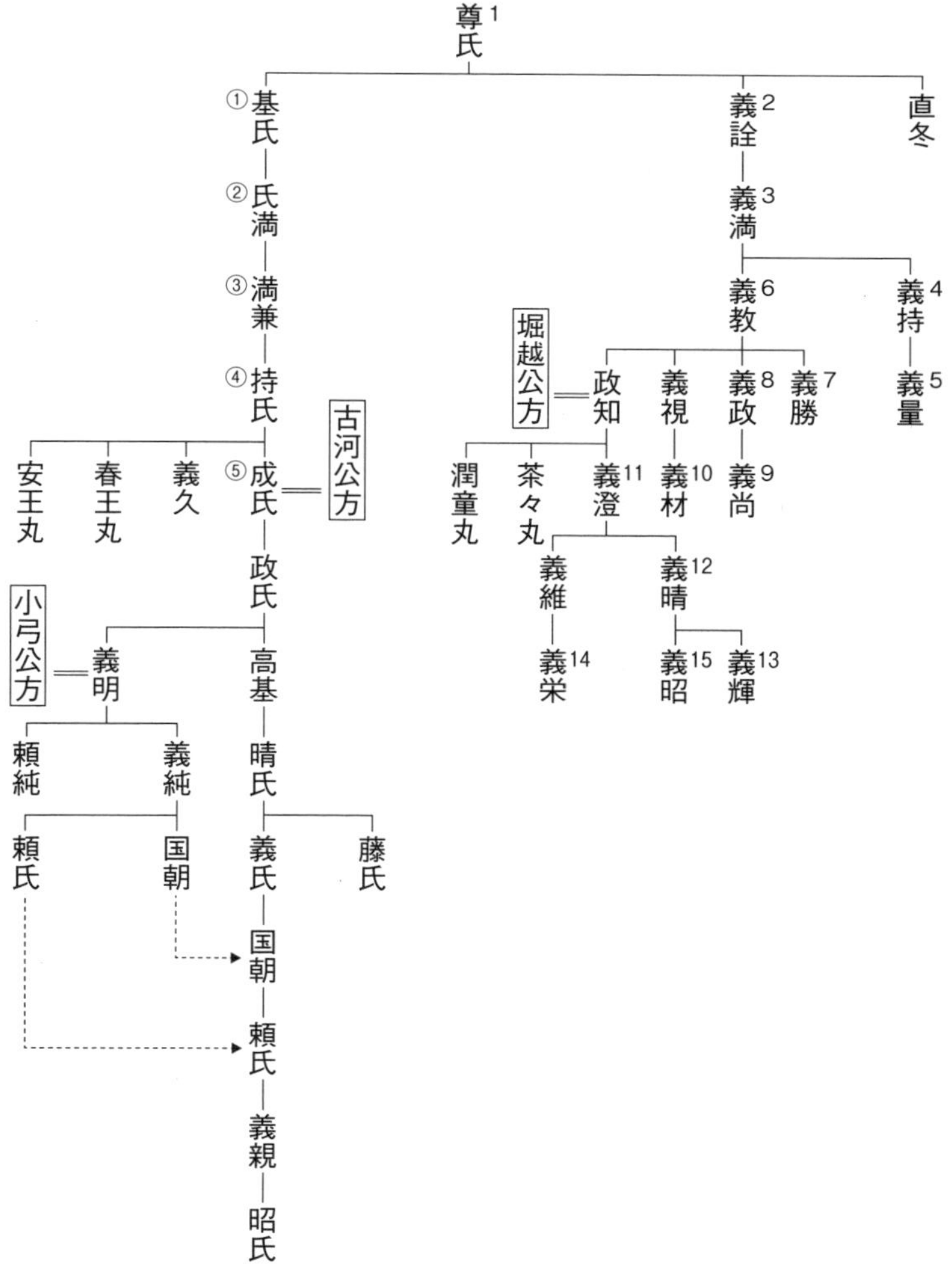

(注)1、2…の数字は将軍、①②…の数字は関東公方の継承者を示す。

戦国時代の国名・地名

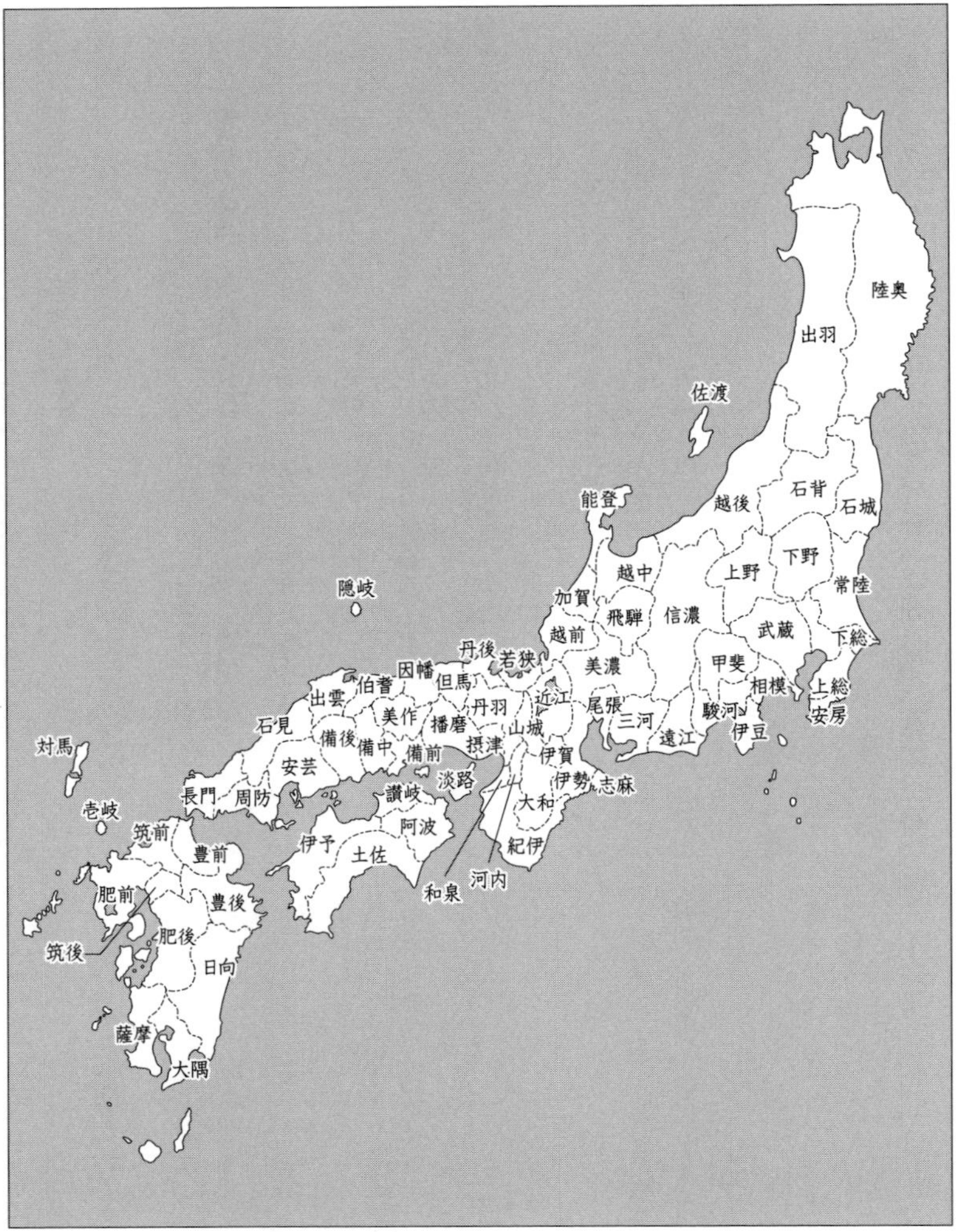
陸奥
出羽
佐渡
越後
石背
石城
能登
越中
上野
下野
常陸
加賀
飛騨
信濃
武蔵
下総
隠岐
越前
丹後
若狭
美濃
甲斐
相模
上総
因幡
伯耆
但馬
出雲
近江
尾張
駿河
安房
美作
丹羽
石見
播磨
山城
三河
遠江
伊豆
備後
備中
備前
摂津
伊賀
対馬
安芸
淡路
伊勢
志麻
長門
周防
讃岐
大和
壱岐
筑前
阿波
豊前
伊予
土佐
紀伊
河内
和泉
肥前
豊後
肥後
筑後
日向
薩摩
大隅

第1章 戦国乱世

信玄・謙信一騎打ちの像（川中島古戦場八幡社・長野市）

1　足利幕府の凋落、乱世へ

足利幕府の凋落

・足利尊氏が創設した足利幕府は、3代義満の時代に最盛期を迎えた。その後、義満の嫡男4代義持、義持の嫡男5代義量《よしかず》、義持の弟の6代義教、義教の嫡男7代義勝、義勝の弟の8代義政と続くが、有力守護大名との争い、関東公方足利氏との争いが頻発、争乱の将軍が続いた。

そして、義政の時代に応仁の乱（1467〜1476年）が起こる。畠山義就《よしなり》、政長兄弟の争いから、管領家細川勝元が政長に、外様大守護大名山名宗全が義就につき、それぞれに多くの守護大名が従って、京都を戦場に戦い、10年という長期間に及んだ。1473年に宗全（70歳）、勝元（44歳）が没し、1474年宗全の後継山名政豊と勝元の嫡子細川政元の2人が単独講和、その後、2年を経て乱は終息した。

応仁の乱で、将軍、幕府の権威は著しく低落した。それまでは守護大名は幕府の要職者として在京することを常とした。政治と富の集中する京都に在ることが地位と利益をもたらしたが、幕府の凋落・京都の荒廃で在京の意味が無くなり地元に引き揚げる。そして、地元で内外様々な争乱（継承争い、主家と家臣の争い、領土争い）が生じていく。

・将軍は9代義尚《よしひさ》、没後、義政の弟の義視の子の義材《よしき》（10代）が継ぐが、義視夫妻没後、支えを失った義材は側近政治となり、旧来の幕臣の反感を買い、孤立するなか、1493（明応2）年に明応の変が起こる。将軍義材出陣中に義政の庶兄政知の子の義澄《よしずみ》（11代）を細川政元・日野富子・伊勢貞宗が将軍に擁立、義材は京都を追われた。将軍家に生じた下克上である。世上、応仁の乱乃至明応の変以降を戦国時代と称する。

・義澄以降、将軍職を巡り、義澄――義晴（12代、義澄の子）――義輝（13代、義晴の子）――義昭（15代、義輝の弟）の義澄系と、義材――義維《よしつな》（義材の養子）――義栄《よしひで》（14代、義維の子）の義材系の争いが続くが、将軍は軍事力も政治力も失い、京都周辺では、将軍を取り巻く諸勢力による争いが続いた。

しかし、将軍の名は地方大名豪族にとって日本の統治者という大義名分として利用価値があり、将軍も豪族達もそれを認識、互いに利用しあう関係は続いた。

足利将軍、細川管領を巡る畿内の争乱――阿波三好氏の活躍

明応の変（1493年）以降、足利義昭を擁して信長が上洛（1568年）するまでの京都周辺の情勢は、足利将軍家、細川管領家、畠山、三好（之長《ゆきなが》―元長―長慶）を中心に、畿内、阿波などの豪族が離合集散しての覇権争いがくり広げられた。

明応の変を起こした細川政元（実子なし）は１５０７年に養子細川澄之《すみゆき》に殺され、澄之は細川高國（政春の子）に敗れ敗死。

１５０８年　高國は、政元の養子澄元を京から追放、澄元は阿波に腹心の三好之長と共に逃れる。高國は、更に、将軍義澄を京から追放、大内義興《よしおき》と組んで義材を再び将軍に擁立する。

１５１９年　細川澄元、三好之長上洛、高國を京から追うが、翌年、高國の反撃に敗れ、之長敗死、澄元は阿波へ逃れる。

１５２１年　将軍義材も高國に追われ淡路へ。高國は義晴を将軍に擁立。

１５２７年　高國は阿波・丹波軍に敗れ、将軍義晴を擁して近江へ逃れる。細川晴元（澄元の子）、三好元長（之長の孫）が足利義維を擁して堺幕府開設。元長、阿波へ帰国。

１５３０～31年　高國が京都奪回。堺幕府の要請で元長が堺に上陸。元長等に敗れ高國敗死。細川晴元が将軍義晴と結び、足利義維・元長と戦い、元長は敗れ、敗死。

１５３４年　細川晴元と三好長慶（元長の子）和睦。

１５３６年　将軍義晴を擁して晴元実権。

１５４６年　義晴の嫡子義輝が将軍就任。

１５４８年　長慶が細川晴元に叛旗。翌年、細川氏綱（高國の子）を擁して長慶入京。

１５５３年　長慶が阿波へ帰国すると義輝は晴元召喚、三好邸焼き討ち。長慶上洛、義輝を近江朽木へ追う。以降、58年まで長慶が京都支配。
１５５８年　長慶と義輝和解、義輝帰洛。義輝は松永久秀厚遇。
１５６４年　長慶病没（43歳）。
１５６５年　三好義継（長慶の弟一存《かずまさ》の子）、松永久秀が将軍義輝殺害。阿波に居た義《よし》栄《ひで》を将軍に擁立（１５６８年没、31歳）。義輝は剣豪で、宝刀10余口で自ら戦い討死（30歳）したと伝えられる。

義輝の弟の覚慶《かくけい》（奈良興福寺一条院門跡）は、義輝暗殺後に幽閉されたが、細川藤孝（政元とは別系の細川氏）等の手引きで脱出、１５６６年還俗、義継（義昭）を名乗り、越前一乗谷朝倉義景の許に身を寄せた。その後、上洛の戦に消極的な朝倉を離れ、岐阜の信長の許へ行き、義昭を擁しての信長の上洛（１５６８年）へと繋がる。

荘園公領体制の崩壊と困窮した人々の動き

・飛鳥・奈良時代に始まる律令制の下での天皇支配は、日本の全ての土地、人民を公地公民とし、土地は全て公領とした。しかし、時代が進むにつれ開発田地の私有が認められるようになり、労働力として浮浪化した公民が流れ込み、開発田地の塊《かたまり》として荘園が発生する。そして、天皇家、公家貴族、寺社（権門勢家《けんもんせいか》）も田地開発に注力、開発した田地は私領とし、不輸不入の特権（公の支配を受けず、国への年貢も免除）を得た。

各地の開発領主（武士の原型）はこうした権門勢家に開発私領を寄進し、自分の荘園に不輸不入の権利を得、私領は実質的に支配、収益は手放さないようになる。さらに、彼等は公領の私領への編入、公領の侵食を行い、やがて、荘園面積は公領面積に匹敵するまでになった。ここに公領と荘園が併存する荘園公領制が出来上がる。

鎌倉時代には幕府により守護、地頭が設けられ、荘園への幕府の介入があったが、幕府は荘園の存在を肯定、荘園公領制は安定期に入り、南北朝時代には武士に武力で侵食されつつも室町時代へと続いた。

しかし、戦国時代に入ると、戦国大名の領国支配（大名領国制）により、天皇家・公家貴族・寺社支配の荘園と公領併存の荘園公領制は崩壊した。

・応仁の乱頃から戦国時代に入っていくが、大きな社会変動期になり、様々な社会現象が起こった。

武士の分割相続（当時の慣習）継続による所領の細分化や戦費負担などによる貧困化と借財の累積、年貢・課役負担に苦しむ百姓の債務累積と流亡・浮浪化、騒擾・争乱の多発などが起こる。

応仁の乱前の頃には、飢饉が頻発、餓死・疫病が流行、村々は疲弊、諸国の貧民が京都に殺到した。これにより京都の住人も飢餓に見舞われる。

こうした人々を使って将軍、富商、などによる寺院（銀閣寺など）、邸宅、橋梁などの建築が行われ、飢餓救済ともなっている。

京都では酒屋（酒造業者）・土倉（年貢米などの保管業者）が金融業に手を拡げ、近在の武士、大百姓、百姓に年貢を担保に貸金、返済が滞ると年貢収納の権利を取り上げ、集積した（いずれも比叡山の僧や縁故者が多かったとされる）。こうしたことから借財に苦しむ大百姓、地侍が流民と一緒に酒屋・土倉を襲い、これを破却、借銭破棄と徳政を幕府に要求する土一揆が頻発する。１４２８年の正長の土一揆、１４４１年の嘉吉《かきつ》の徳政一揆は、特に大規模なものとして著名である。

こうした社会変動の動きが戦国乱世の時代に向かって加速していった。

三好家系図

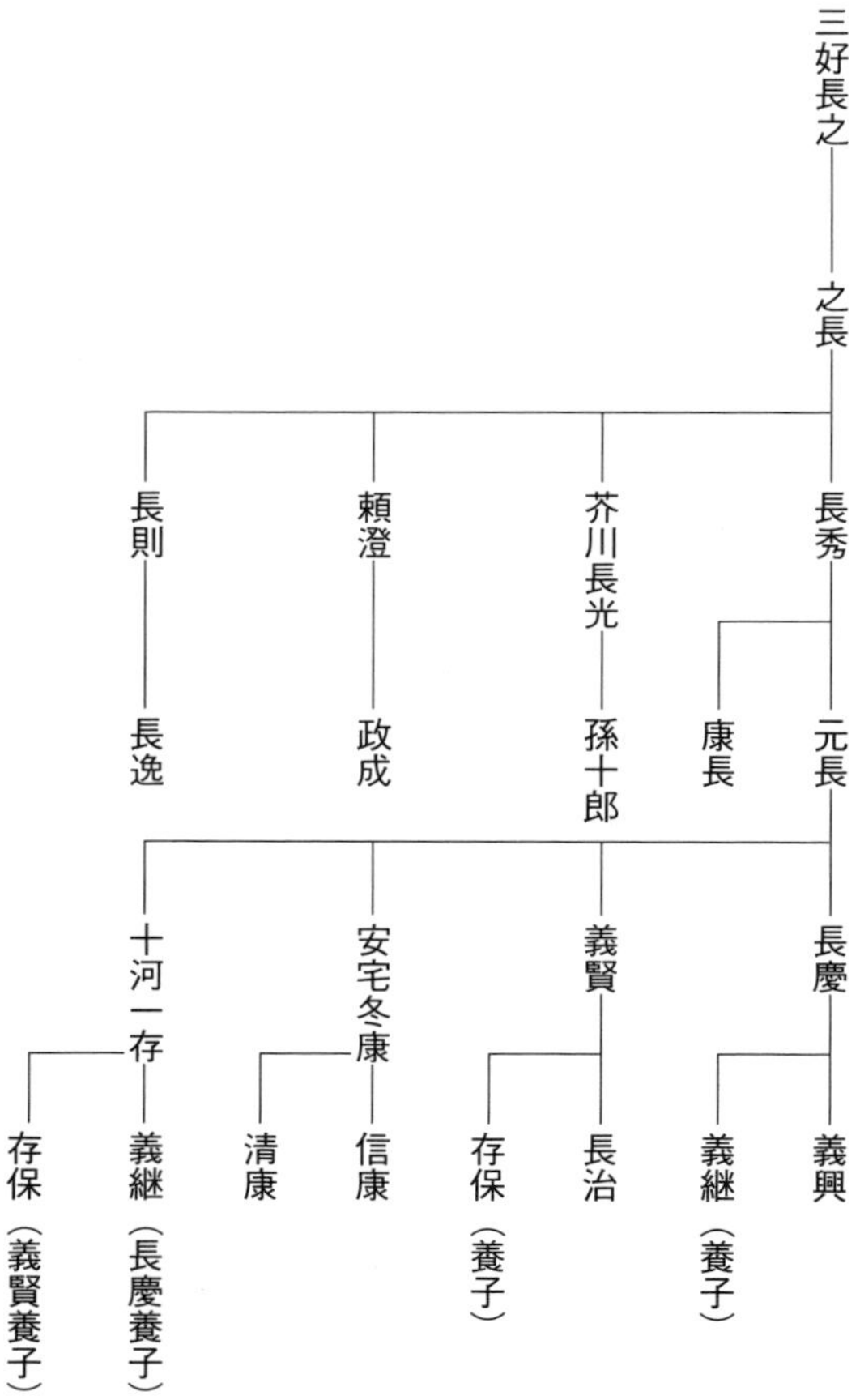

三好長之
之長
長秀
芥川長光
頼澄
長則
元長
康長
孫十郎
政成
長逸
長慶
義賢
安宅冬康
十河一存
義興
義継（養子）
長治
存保（養子）
信康
清康
義継（長慶養子）
存保（義賢養子）

２　北条氏（伊勢氏、後北条氏）の盛衰１００年

北条氏の関東支配は、伊勢盛時（新九郎、宗瑞《そうずい》、早雲）の15世紀末伊豆侵攻、占拠に始まる。代を追って、相模、武蔵、上野、下野、下総、上総へと勢力を伸長、氏綱、氏康、氏政、氏直と5代続き、１５９０年の豊臣秀吉の小田原城攻略、滅亡まで、凡そ１００年間、関八州に勢力を持った代表的戦国大名である。

北条5代の世は戦国時代の只中にあり、戦の連続であった。前半は、足利幕府の関東支配者である関東公方（分裂して堀越公方、古河公方、小弓公方）と関東管領上杉氏（分裂して扇谷上杉、山内上杉）と争い、後半は今川義元、武田信玄・勝頼、上杉謙信と関東を舞台に争い、最後は豊臣秀吉との戦いに敗れ、滅亡した。

宗瑞、氏綱、氏康については、支配者、将としての評価は高い。氏政については、時勢を読めず、秀吉と戦い、一族を滅亡に導いたとして評価は低いが、滅亡も戦国武将の辿る一つの途ではあった。

伊勢盛時（新九郎、宗瑞、早雲）

伊勢盛時（１４５６～１５１９年、64歳没、88歳説もある）は、備中伊勢氏出身、伊勢

盛定の次男。父盛定は8代将軍足利義政の近臣、父の兄貞親は幕府政所執事、盛時も幕府奉公衆で、盛時の姉（北河殿）は駿河守護今川義忠に嫁いでいた。

今川義忠が1476年に戦死、嫡男龍王丸成人まで龍王丸の叔父の小鹿《おしか》範満が後見役となったが、範満は龍王丸成人後も支配権を離さなかった。伊勢盛時が駿河へ下向（幕府の意向もあったとされる）、龍王丸（氏親）を助け、反範満勢力を糾合して範満を討ち取る。この功で盛時は駿河興国寺城を与えられ、氏親を支える中心的存在となった。

1491年　今川氏と親密な関係にあった堀越公方足利政知（8代将軍義政の弟）没、政知の後継者とされていた潤童子《じゅんどうじ》とその母円満院を、政知の前妻（山内上杉氏の出）の子の茶々丸が殺害、堀越公方を名乗った。

1493年　明応の変で足利義澄（政知の子）が将軍となり、伊勢盛時は幕府から茶々丸討伐を命じられ、今川、扇谷上杉と共に茶々丸・山内上杉氏と戦い、1495年に盛時が勝利。この機に乗じて、盛時は伊豆を攻略。韮山に本拠を置き、北条氏の女を妻とし、宗瑞を名乗った。

その後、小田原城攻略、1516年には相模の名族三浦氏を滅ぼし、相模制圧。1518年没。戦、治世に勝れ、戦国初期の英傑とされる。

北条氏綱（1487～1541年）

1523年　伊勢氏から北条氏に改名。鎌倉北条氏に擬することで相模支配を正当化しようとした。

1536年　今川氏親の後継氏輝没。氏輝の弟で、氏親の正室の子の承芳《しょうほう》（義元）と重臣福島氏の娘と氏親の子の玄広恵探《げんこうえたん》が後継を争う（花蔵《はなくら》の乱）。北条氏綱、武田信虎（信玄の父）が義元を支持、今川重臣の大半も義元を支持、義元が家督承継、恵探は自殺した。

1537年　義元は武田信虎の娘を正室に迎え、甲斐武田と同盟。氏輝は、義元の家督承継を支持したにも拘わらず、義元が武田と結び、北条を捨てたことに怒り、駿河侵攻。富士川以東の河東一帯を占領する。その後、この地の領有を巡り、北条、今川の戦が続くこととなる。

1538年　関東公方の一つ小弓御所を滅ぼす。上杉、足利氏の勢力は衰退、北条の版図は、伊豆、相模、武蔵半国、駿河・下総の一部にまで及び、小田原は日々に殷実《いんじつ》とされた。1541年55歳没。

北条氏康（1515～1571年）

1545年　扇谷上杉、山内上杉が来攻、8万騎（兵力数は疑問）で北条の河越城を包囲。
1546年　氏康出陣、8千の小勢の北条は、包囲軍を攻めては逃げる戦を繰り返し、敵が北条の攻撃撤退作戦を常のこととして油断した処を狙って夜襲。両上杉は2万騎を失い敗走、氏康は大勝する。この勝利で両上杉は衰退、北条勢力が拡大した。
1551年　山内上杉憲政は越後長尾景虎の許へ逃げ、山内上杉氏滅亡。
1552年　氏康の甥の義氏に古河関東公方家を継がせ、古河公方を勢力下に置く。
1554年　北条、武田、今川の嫡子相互婚姻により甲相駿三国同盟成立（北条氏康の娘（早川殿）が今川氏真に嫁す。武田信玄の娘（黄梅院）が氏康の嫡子氏政に嫁す。今川義元の娘が信玄の嫡子義信に嫁す）。
この三国同盟は、北条は関東、今川は尾張、武田は越後侵略を狙う、利の一致によるものであり、以降、3者は各々その方向に向かう。
1560年　上杉謙信越山、関東侵攻。
1561年　小田原城が包囲されるが、謙信は長躯遠征で長陣は出来ず撤退。以降、毎年、謙信は越山、関東侵攻を繰り返す。
1560年の桶狭間の戦で今川義元戦死。武田信玄は越後侵攻（上杉謙信との戦）を止め、1568年駿河侵攻。1569年から伊豆、小田原にも侵攻。1571年氏康57歳没。

氏康は身に大創数十カ所、常に政治に意を用いた。自ら誇らず、臣民に慕われたと伝えられる。

北条氏政（１５３８〜１５９０年）、氏直（１５６２〜１５９１年）

１５７６年　謙信最後の越山、関東侵攻。

１５７７年　氏政の妹が武田勝頼に嫁す。常陸の佐竹義重を中核とする北関東の反北条勢力と戦う。

１５７８年　上杉謙信没。跡目を巡り養子の景勝と景虎（氏政の弟）が争う（御館《みたち》の乱）。氏政は武田勝頼に景虎支援を要請するが、勝頼は景勝を支援。景勝が家督承継、景虎滅亡。氏政は怒り、勝頼との関係を断つ。１５７９〜１５８２年、勝頼との戦が続く。

１５８２年3月　武田勝頼滅亡。信長は上野に滝川一益配置、駿河は家康に与え、北条は支配領域縮小。

6月、本能寺の変で信長横死。北条氏直が神流川《かんな》（上野、武蔵国境）で滝川一益軍を破り、一益は伊勢へ撤退。北条は東信濃に侵攻、徳川と争う。10月、北条、徳川和睦。

１５８３年　家康の娘（督姫）が氏直に嫁し、北条、徳川同盟成立。北条は上野一円の領有、下野のほぼ半分を領国化した。この時点で、北条の版図は、相模、伊豆、武蔵、上野、下野半国、下総、上総に及び、建国以来の最大規模となった。
1586年　関白秀吉の関東、奥両国惣無事令《そうぶじれい》（大名間の交戦禁止）。
1588年　家康の斡旋で北条は秀吉に臣従。
1589年　真田と北条の沼田領有を巡る争いが、秀吉裁定で決着。
11月、上野沼田城主猪俣能登守が真田領の名胡《なぐるみ》城奪取。秀吉は惣無事令違反として北条に宣戦布告する。
氏政は秀吉の許へ釈明に赴くべきであったが、その際の氏政の身の安全の保証はなく、結局、氏政は大阪へは行かなかった。
1590年3月　21万の秀吉軍来攻。小田原城包囲。氏政は、小田原城に城下をそのまま包み込む全長10㎞に及ぶ「惣構え」を構築、籠城した。しかし、城内の将兵、庶民の数は多数に及び、籠城による兵糧、士気の維持は難事業であった。全ての領内の諸城を落とされ、7月、北条降伏。北条氏政（53歳）、氏照、宿老松田憲秀、大道寺正繁切腹。北条氏直は家康の婿であることから高野山追放。
　秀吉の北条討伐の因とされる北条の名胡城攻略の因は不明、秀吉による北条討伐のための作り話で、北条討伐準備はその前から進められていたとの見方もある。いずれにせよ、天下統一を目指す秀吉にとって関東北条氏攻略は不可避のことであった。

氏政は、汁かけ飯（氏政が飯に汁をかけて食べる時に、汁が足らず注ぎ足したのを見て父氏康がその程度の判断も出来ぬのでは氏政の時代で北条も終わりだと呟いたという）、小田原評定（秀吉に包囲された小田原城内で和戦の評議が決められぬまま滅亡したという）などの話が伝えられ、凡将と評されるが、いずれも江戸時代の創話とされる。氏政の時代にその版図は最大となり、氏政は戦国大名として、合戦で１００年に亘り築き上げてきた版図の維持が出来ないなら、滅亡も止む無しと考えたともされる。

氏直は１５９１年赦免、１万石を給されるが、同年病没（30歳）。氏康の５男氏規《うじのり》、氏規の子の氏盛（北条家督承継）は、その後、家康に仕え、徳川時代に北条狭山藩１万１千石として生き残った。

北条家系図

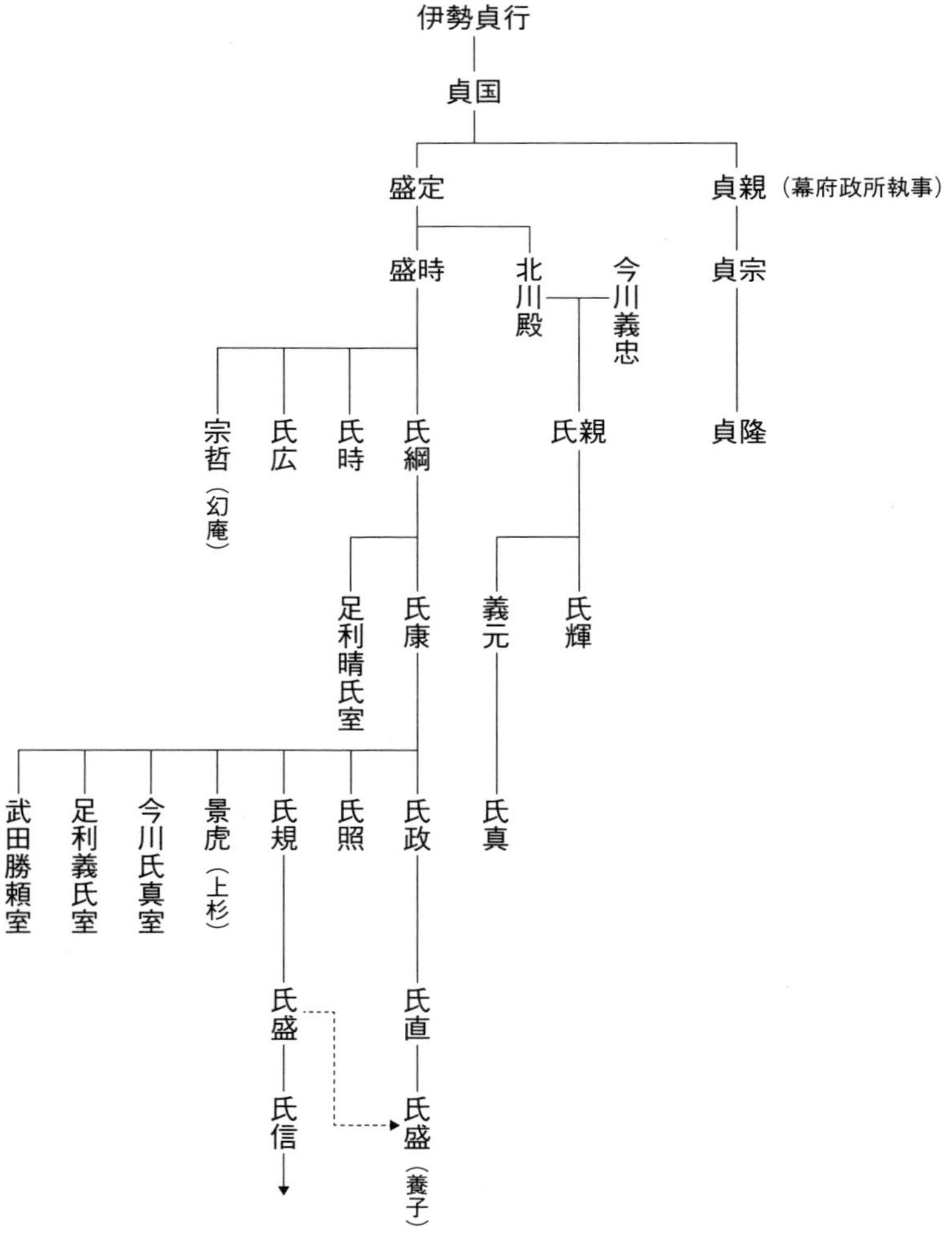
伊勢貞行
貞国
盛定
貞親（幕府政所執事）
盛時
北川殿
今川義忠
貞宗
宗哲（幻庵）
氏広
氏時
氏綱
氏親
貞隆
足利晴氏室
氏康
義元
氏輝
武田勝頼室
足利義氏室
今川氏真室
景虎（上杉）
氏規
氏照
氏政
氏真
氏盛
氏直
氏信
氏盛（養子）

上杉管領家系図

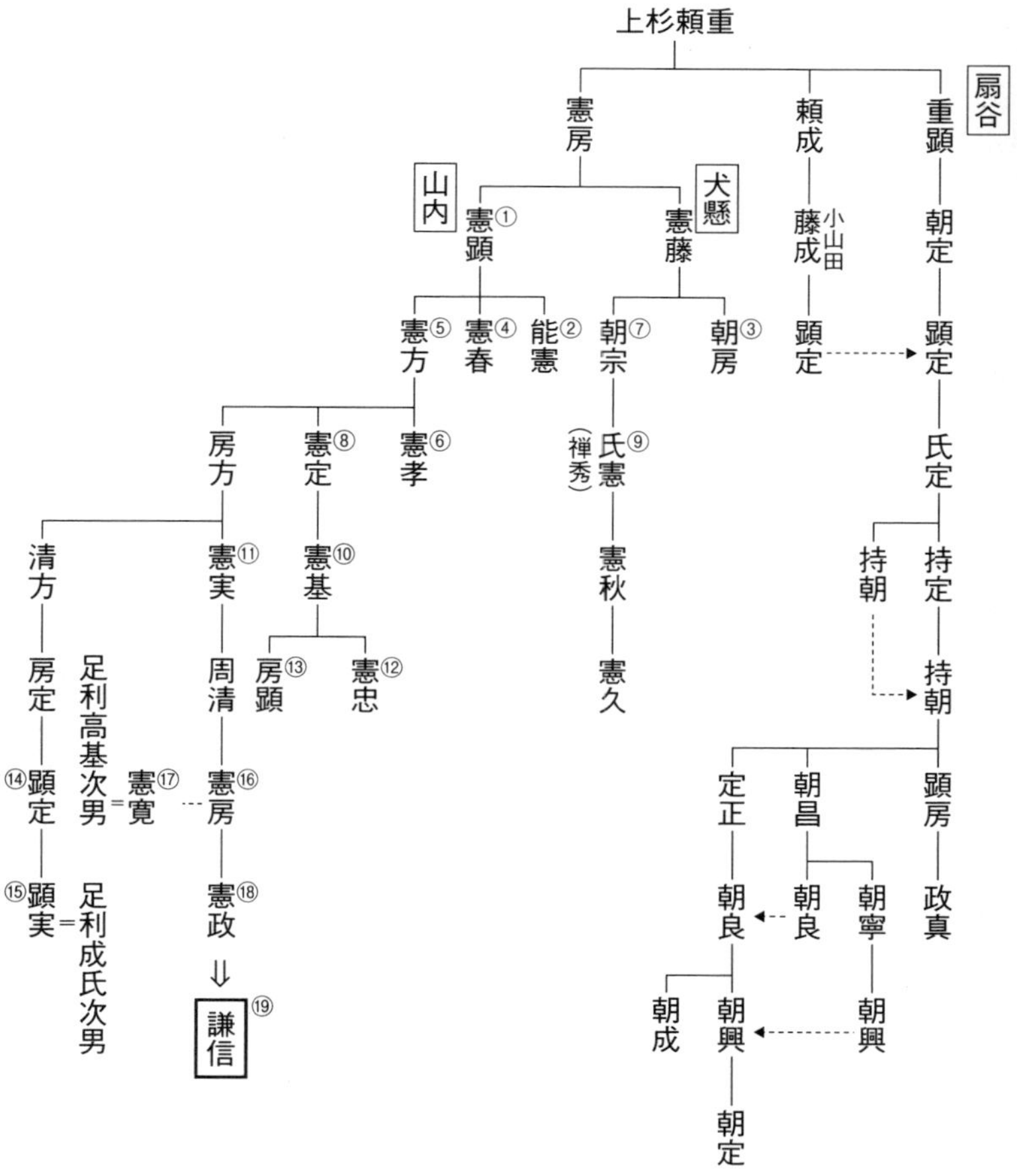

(注)　数字は関東管領就任の順を示す。

3　武田信玄と上杉謙信──二人の戦とそれぞれの途

武田信玄

①　武田信玄の出自、家督承継まで

甲斐武田氏は源義光（新羅三郎、源義家の弟）の子孫で、代々、甲斐に住んだ。信玄の父の信虎（１４９４年生、81歳で没）は１５０７年に14歳で家督継承、１５１９年につつじが丘に居館を建設、１５２０年には甲斐の有力国人をほぼ支配下に置いた。

１５２１年に嫡男晴信（信玄）誕生。母は甲斐豪族大井氏の娘で信繁（典厩《てんきゅう》）、信廉（逍遥軒）、今川義元室を生む。

１５３６年　信虎は今川氏の後継者争いで義元を支援。翌年、娘を義元の室とし、今川・武田同盟成立。義元は晴信の室に公家三条公頼の娘を斡旋。今川義元の武田との同盟の動きは、それまで今川と昵懇であった北条氏康の怒りを買い、氏康は富士川以東の河東一帯に侵攻する。

１５４１年　信虎追放、晴信擁立。６月28日、晴信家督承継（21歳）。

信虎は、「狂暴にして賞罰常なし。国人これに苦しむ。」と評される。信虎は甲斐を平定、専制君主となり、北条、管領家上杉氏との戦が続き、戦と専制の負担に国人は不満で、加

えて、天災、飢饉、疫病（１５４１年は１００年間でも例を見ない飢饉）で疲弊、厭戦気分が高まっており、国人達は信虎追放のチャンスを狙っていた。

同年６月14日　信虎が娘の嫁入り先の今川義元の許へ、軍勢を率いずに出かけることとなった。信虎は嫡男晴信を疎んじ信繁を偏愛、晴信を駿河へ追放しようと考えての義元訪問であったと言われる。一方、晴信は義元と予て意を通じていたともされる。

信虎出国後、重臣飯富兵部《おぶひょうぶ》、板垣信方等は、直ちに帰路を閉鎖、信虎を追放した。追放クーデターは国人主導で、若年の晴信は国人達に担がれたシンボルであった可能性が高いと見られている。信虎に偏愛された信繁も晴信に臣従した。

②　晴信（信玄）の信濃侵攻

１５４２年７月　晴信、諏訪頼重攻略、頼重切腹。頼重の娘（諏訪御寮人）を妾とし、１５４６年、勝頼誕生。
１５４３年　佐久侵攻、１５４７年頃には勢力下に置く。
１５４５年　上伊那侵攻。
１５４８年　北信から東信に勢力を持つ村上義清と戦う。２月、上田原（上田市）戦で晴信惨敗。重臣板垣信方、甘利虎泰等戦死。

1550年　松本平を目指し小笠原長時攻略、深志《ふかし》城奪取。長時は村上義清を頼る。51、52年には安積、筑摩を支配下に。

1553年4月　村上義清の本拠地葛尾《かつらお》城攻略。義清は長尾景虎（上杉謙信）を頼り越後へ逃れた。

1554年　晴信、信玄を称する。下伊那侵攻、勢力下へ。

1555年　木曾侵攻。木曽義康、義昌は信玄と和睦。諏訪、北信、東信、佐久、松本、安積、伊奈、木曾を勢力下に置いた。

戦は乱取り（人、物の略奪）を伴う。勝利した信玄配下の将兵は満足するが、被征服地の者は略奪を受け、その結果としての飢餓・疫病など信玄への怨恨が残った。

上杉謙信

①　上杉謙信の出自と家督承継

謙信の元の名は長尾景虎。長尾氏の先祖は平良文（将門の叔父）とされる。

景虎の父、長尾為景は、越後守護上杉定実《さだざね》を擁立、実質的には守護であった。越中一向一揆と戦い、1520年には越中をほぼ手中に納め、阿賀北衆（阿賀野川より北の沼垂《ぬたり》郡（蒲原《かんばら》郡北部）、岩船郡に所在する独立性の強い国人達）と20年に及ぶ享禄・天文の乱を戦う。１５４２年加賀一向一揆との戦で戦死。

為景の跡は長子の晴景が継いだが、内乱が続く。景虎（為景の第４子、幼名虎千代）は父為景に疎まれ、僧籍に入れられたが、兄の晴景の下で乱平定に尽力、支持勢力が形勢され、１５４８年、守護上杉定実の仲介で晴景から家督承継（景虎21歳）。

②　景虎の越後平定

１５５０年　守護上杉定実没。越後上杉氏断絶。景虎が実質的越後国主となる。
有力国人上田長尾政景は晴景支持派で、１５５０年、反景虎で蜂起するが、１５５１年、景虎に服属。以降、景虎の重臣として活躍。阿賀北衆を制圧。
１５５２年　関東管領上杉憲政が北条氏に敗れ、越後へ来着。関東介入を要請される。
１５５３年　景虎上洛。後奈良天皇から盃と剣を下賜される。
１５５６年６月　景虎、高野山へ出奔。長尾政景が慰留、８月、春日山城に戻る。不服従の国人達を臣従させるための芝居であったとも解されている。この頃から謙信を称する。

謙信上洛と越山、関東侵攻

① 謙信上洛

1559年4月　将軍義輝が三好衆、松永久秀牽制のため謙信に上洛を要請。謙信は5千の兵を率いて上洛。

同年5月1日　参内、正親町《おおぎまち》天皇に拝謁。

同年6月　将軍義輝から「関東支配と上杉憲政の進退については、景虎が助言せよ。憲政の許で奔走せよ。」「信濃国の諸侍の始末は、景虎の意見を加えよ。」という御内書を得る。関東支配、武田信玄牽制につき将軍のお墨付きを得たことになり、越後の豪族並びに信濃とりわけ北信の豪族に影響を与えた。春日山城の謙信の許には、祝辞、祝品を持った多くの豪族が訪れ、信玄の信濃支配に影響を与えたとされる。

なお、同年2月には織田信長、3～4月には美濃の斎藤竜興が義輝の要請で上洛しており、謙信上洛も義輝の権威示威のための動きの一環であった。

② 謙信越山、関東侵攻

1560年　謙信は、上杉憲政の要請を受けて、初めて越山、関東侵攻。3ヵ月で上野、武蔵の北半分を抑え、厩橋《まやばし》城（前橋）で越年。

反北条派は謙信の軍事力に期待、１５６１年３月、10万の大軍となって北条氏の本拠の小田原城を包囲した。北条氏は籠城策をとる。長距離遠征で長期在陣できない謙信軍は閏３月には包囲を解かざるを得ず、謙信は３月16日に鎌倉鶴岡八幡宮で関東管領就任と上杉の名跡継承の儀式を行う。

越山には関白近衛前久が同行、鎌倉八幡の儀式にも立ち会っている。信玄が越後国境に迫るとの情報に接し、謙信は急ぎ帰国。９月には有名な信玄と謙信の川中島の戦となる。謙信が帰国すると直ちに北条と武田勢が、関東の謙信に付いた上野、武蔵などの地域勢力を反攻。11月半、謙信、関東出兵、上野、武蔵で勢力回復。翌年３月末に謙信が引き揚げると北条、武田勢が反攻。こうした戦が１５６７年まで毎年繰り返された。

１５６６年２月　下総臼井城攻防で謙信が北条に大敗、謙信への求心力が落ち、安房里《あわさと》見《み》氏、常陸佐竹氏を中核とする北関東勢が互助関係を強めて、北条氏との対峙を継続するようになる。１５６８年末、信玄の駿河侵攻で武田、北条の同盟解消。

１５６９年　北条は謙信と同盟。北条が信玄に領土を侵略されても謙信は救援しなかったため、１５７１年、謙信との同盟破棄、信玄と同盟。武田、北条、上杉の三国の同盟関係は目まぐるしく変転する。

謙信は関東侵攻により領土獲得の利益は殆ど得ていない。そのため謙信の関東侵攻は領土獲得が目的ではなく、関東管領であった上杉氏の名誉回復、義のための戦であったとされることが多い。

しかし、謙信の関東侵攻での乱取り（敵地の人、物の略奪）は、当時においてもその酷さは著名で、関東侵攻は越後農民の農閑期の収益獲得も目的であったともされる。

信玄と謙信の川中島の戦

① 戦までの経緯

1553年　葛尾《かつらお》城を信玄に落とされた村上義清は謙信を頼った。北信濃の反信玄の他の豪族も謙信と結び、信玄に対抗しようとする。

一方、信玄は善光寺平に手を伸ばし、越後を伺う勢いとなる。謙信にとっては春日山城（上越市）に近いこの地域は自己防衛にとって重要な地であった。信玄、謙信がその勢力範囲を接することになり、川中島の戦が起こる。川中島は千曲川と犀川が合流する中洲に広がる湿原、川原で、川の流れは今日と大分異なっていた。

川中島の戦は、1553年8～9月、1555年7～閏10月、1557年2～8月、1561年9月、1564年7～8月と5回あるが、第4回1561（永禄4）年9月の戦が両雄激突の戦として著名であり、他は、いずれも大戦にはならず、対峙したまま終わったものもある。従って、永禄４年の戦につき詳述する。

②　１５６１（永禄４）年の川中島の戦

・１５５９年　謙信上洛中に、信玄は北信の大部分を勢力下に置き、越後を伺う。信玄は、夫人の妹の夫の本願寺顕如と連携、越中、加賀の一向一揆に謙信攻撃を働きかける。また、千曲川沿には海津《はいず》城（後の松代城）を築き、後方の山々にも砦を築いた。

１５６１年５月　信玄は北信濃に出陣、越後国境に迫った。

１５６１年３月に北条の小田原城を包囲した謙信は信玄の動向を知り、急ぎ帰国、８月29日、春日山城を出て、１万３千を率いて千曲川下流の飯山城を拠点とする。９月10日（今の暦では10月20日）、信玄は１万７千の兵を率いて海津城から出陣。川中島の戦が起こる。

この戦の詳細を記した当時の史料は残っていない。江戸時代に書かれた甲陽軍鑑は、合戦の模様を次のように記述する。

謙信は犀川近くの妻女山の山頂に全軍で籠り、信玄は海津城に在って久らく対峙する状況が続いた。信玄は、山本勘助の進言により自軍を２手に分け、１手を密かに妻女山の裏から登らせ謙信軍を奇襲、謙信軍を山から追い落し、下で待ち受ける信玄本軍とで敵を殲滅する作戦をとる。

　謙信は、戦前日の夕刻、海津城の炊飯の煙が常より多く立ち上るのを妻女山山頂から見て、その夜の夜襲を予知、陣を払って密かに下山、払暁、信玄の構える本陣の前に現れた。当日の朝は濃霧で信玄軍は謙信軍の接近に気付くのが遅れ、謙信全軍の攻撃を受け、大苦戦に陥る。信玄の弟の典厩信繁、山本勘助以下多くの将兵が戦死するが、なんとか持ちこたえているうちに、妻女山に登った信玄軍が妻女山を降り、謙信軍に襲い掛かり、謙信軍も多大な犠牲を出した。

　戦いの終盤、謙信が単騎で信玄本陣に斬りこみ、信玄が謙信の太刀を軍扇で防ぐ、大将同士の一騎打ちもあった。双方多大な損害（死傷者は武田4千余、上杉3千余）を出し、謙信軍は引き揚げたとする。

　甲陽軍鑑は江戸時代に書かれたものであり、何処まで史実を述べたものかについては、かねてから、疑問が呈されており、戦の実相については諸説がある。
・妻女山の周りは武田の砦に囲まれており、妻女山上に上杉軍が籠ることは戦略上あり得ない。妻女山は小さな丘であり1万余の大軍が滞在することも難しい。また、さして大きくもない妻女山の裏道を、上杉軍に気付かれることなく武田軍数千が接近することは困難である。従って、妻女山を中心とした上記の話は虚構であると見る者が多い。双方の兵力が伝えられるものの10分の1程度であれば、あるいはあり得るかもしれない。

・9月10日早朝、濃霧で殆ど何も見えない状況の中で、善光寺道から千曲川を渡り北進しようとした武田軍と犀川を渡り南進しようとした上杉軍が、篠ノ井布施から東２kmの地点で、濃霧の中で気付かぬままに偶然に遭遇。避ける間もなく白兵戦となり、遭遇現場に居た典厩信繁等が討死、謙信も太刀で戦う事態が生じた。

上杉軍は次第に川中島から撤退、武田軍は、戦後、川中島近くの八幡原で首実検をして戦は終った。双方に相当な犠牲者を出しながら戦を正当化するものが無く、武田、上杉とも合戦の真実を隠そうとの強い意志が働き、戦の詳細な史料は封印されたとする（三池純正氏）。

・合戦当時、謙信は、上洛、関東侵攻などで勢があり、信濃の武将達は謙信と戦うことを嫌い、川中島戦には加わらず、日和見の立場をとった。戦は謙信軍優勢で信玄は苦戦した。信玄は一族の典厩信繁、油川《あぶらかわ》彦三郎、侍大将の初鹿野《はじかの》源五郎、三枝《さいぐさ》新十郎、両角《もろずみ》豊後守、山本勘助、安間三右エ門《あんまさんえもん》等を失ったが、謙信側には名だたる一族、武将の戦死は伝えられていない。戦は信玄軍小山田衆の側面攻撃があって、信玄はかろうじて惨敗を免れたとする（森田善明氏）。

謙信は、川中島戦後直ぐに再び関東へ出兵しており、信玄との川中島の戦での痛手は軽かったとも推量される。

③　川中島戦の終焉

1560（永禄3）年　桶狭間戦で今川義元が戦死、今川家督は嫡男の氏真《うじざね》が継いだ。氏真は脆弱者と見られ評価は低く、駿河を中心とする今川支配は揺らいでいた。こうした情勢変化を受けて、海のある地を支配下に置きたい信玄は、矛先を越後から駿河に変え、1568年に駿河へ侵攻する。謙信も矛先を越中、加賀侵攻に向ける。1564年の第5回川中島戦を最後に、以降、信玄、謙信が川中島で戦うことは無かった。

尾張から力を伸ばした信長は、信玄、謙信の力を十分に認識しており、下手に出る外交政策を採っている。

信玄の駿河侵攻と上洛の戦

①　武田義信の死と信玄駿河侵攻

義信は信玄と正室三条氏との嫡男として1538年出生。

1552年　甲相駿《こうそうすん》三国同盟で義信は今川義元の娘を室とする。義信を、信玄の後継者と信玄も考え、世間もその様に見ていた。

１５６０年　義元が桶狭間で信長に敗れて戦死、氏真の今川承継を機に、信玄は駿河侵攻を考える。義信は室が義元の娘であることから駿河侵攻に反対、また、信玄が勝頼の室に信長の娘（養女）を取ることにも、信長は義元の仇として反対する。こうしたことから信玄と義信の間に溝が生じた。

１５６４年7月（１５６５年10月説もある）　義信は飯富《おぶ》兵部虎昌を頼んで謀反を企てたが、虎昌の弟の昌景（山形昌景）の密告で信玄の知る処となり、翌年1月、虎昌切腹、義信幽閉、義信家臣は国外追放となった。義信配下として、それなりの家臣団が形成されていたと思われる。

１５６７年10月19日　義信自害（30歳）、義信の室は駿河に帰された。信玄は自らが父信虎を追放しており、義信に過っての自分の影を見て、先手を打ったものとも見られている。

②　信玄駿河侵攻

今川氏真政権下では、三河の徳川家康が離反、三河は家康の勢力下となり、１５６３年後半には遠江の国衆も相次いで今川を離反。

１５６７年12月　氏真は上杉謙信と対武田で同盟。

1568年12月　信玄駿河侵攻。12月13日、府中に侵攻、氏真は遠江掛川城へ逃れる。謙信は氏真を来援せず。

家康は遠江に侵攻。北条は氏真支援のためとして駿河に出兵、氏政の室となっていた信玄の娘は甲斐に帰された。信玄は関東の反北条勢力と結び、北条包囲も目論む。

1569年5月　氏真は家康に攻められ、掛川城開城、小田原の北条氏の許へ落ち、今川氏滅亡。

11月　信玄は駿府城開城。駿河主要部分を支配下に置く。信玄は甲府と行き来しながら、駿河、遠江、東三河、相模、伊豆侵攻。

③　信玄上洛とその死

1572（元亀3）年5月13日に、信長に反感を持つ将軍義昭から「軍事行動を起こし、天下静謐のため尽力するよう」との指示が信玄に届く。

甲斐武田、本願寺顕如、越前朝倉、近江浅井、伊勢北畠、大和松永、延暦寺、園城寺が結び、信長を包囲殲滅しようとの義昭の目論見であった。

同年10月3日　信玄、甲府進発。諏訪―伊那―遠江北部へと進軍。山形昌景軍が下伊那―東三河へ進む。秋山信友軍は美濃侵攻、11月14日、岩村城を落とす。

12月19日　信玄・山形軍、二股城を落とす。
12月22日　三方ヶ原で家康8千、信玄2万数千が戦い、家康惨敗。
1573年1月　三河に侵攻、2月、野田城（新城市）陥落。
長篠で信玄の病状悪化（肺患とされる）、甲斐へ引き上げる途上、4月12日、信濃伊那谷駒場《こまんば》（下伊那郡阿智村）で病没（53歳）。没の地は根羽《ねは》、浪合《なみあい》ともされる。「明日、汝が旗を瀬田に樹てよ」が最後の言葉で、「喪を3年間秘せよ」と遺言したとされる。

信玄の訃報を聞き、謙信は「吾が好敵手を失なへり。世に復たこの英雄男子のあらんや」と言い、流涕したという。信玄は上洛に動いたが、他の勢力は、信長打倒のため足利義昭の思惑通りには動かず、義昭の描いたような信長殲滅の連携した動きは生じなかった。

信玄の上洛戦について、次のような見方もある。

信玄は、まず、自分の守りを固めるため家康を叩き、それから東山道を経て美濃に出て秋山隊と合流、美濃から信長を攻略する積りであった。信長もそれを読んで三方ヶ原戦には出陣しなかった（森田善明氏）。

当時の信長には信玄の3～4倍の兵力があり、先々に軍勢を配置しており、信玄もそれを承知していたので、敢えて急いで先へ進もうとしなかった。家康は、三方ヶ原戦を夕刻に係る時間帯を選び、敗れて浜松城に逃げ帰ったが、信長の後続を恐れて信玄は浜松城を攻めないと考えていた（磯田道史氏）。

④　武田家訓など

戦国武将としての武田家訓などには見るべきものが残されている。
・武田家訓「三思一言、九思一行」――言う前に3度考える、行う前に9度考える。
・合戦心得「戦場に於いて聊《いささ》かも未練をなすべからざること」――生への未練を断つことが合戦心得の第一。

川中島戦後の謙信

①　謙信征西とその死

1574年、75年、76年と謙信、越山、関東に侵攻するが、過ってのような戦果は挙げられず、1576年の越山が最後となった。

川中島戦終了後、謙信は越中、加賀に侵攻する。

1574年　加賀に入り、金沢、七尾を攻め、能登を占領する。9月に陣中の酒宴で「霜は軍営に満ち秋気清し、数行の過雁月三更。越山併せ得たり能州の景。さもあらばあれ家郷遠征を憶ふを。」の詩を自作したと伝えられる。

１５７７年　大和の筒井順慶、松永久秀が謙信の西上を請い、毛利氏とも約して信長挟撃を目論む。

謙信征西。信長は、柴田勝家、前田利家等からなる大軍を派遣するが、謙信はこれを次々と攻略、金沢を落し、越前に攻め込む。10月、謙信帰国、謙信は、翌年３月15日の出陣を決め、再征準備。

１５７８年３月13日　謙信、出陣を前に厠で昏倒、没（49歳）。脳溢血であった模様。

②　春日山城内触書

春日山城内触書は謙信の戦争哲学を示している。その一部を記す。

・運は天にあり、鎧は胸にあり、手柄は足にあり――戦は、天命、天運を信じること、不退転・不惜身命の覚悟、迅速な機動力が必要。

・いつも敵を掌に入れて合戦すべし、傷つくことなし――常に敵の機先を制せよ、先手必勝。

・死なんと思えば生き、生きんと戦えば必ず死するものなり。――武田合戦心得と同義。戦国の死生観を示している。

信玄と謙信

信玄も謙信も、その生涯は戦の連続であった。２人とも大敗を喫したことは殆どなく、常勝の将とイメージされる。

自領の拡大という点では、信玄が謙信に勝る。謙信は幾度も関東に侵攻しながら結果として得た領土は殆どない。

信玄は海のある領土獲得を目指し、越後に向かい、強敵謙信と戦うことになった。当時は、日本海航路がメイン航路であり、また、信玄が今川と同盟していたことにもよる。

今川義元戦死、今川弱体化で、信玄は駿河の海進出へと方向転換した。最初から駿河を目指し、謙信との戦を避けていれば、両者が畿内情勢、信長の天下統一の戦に大きな影響を齎《もたら》したと考えられる。信長が信玄、謙信と直接に戦う前に、２人が世を去ったことは、信長にとって僥倖であったことは間違いない。信玄は１５７３年、53歳で没、謙信は１５７８年、49歳で没した。

信長が、天下統一を目前にしながら本能寺の変に倒れたのは、武田勝頼を滅ぼした直後の１５８３年６月で、信玄没の10年後、謙信没の５年後で、信長49歳であった。

４　中国地方の毛利氏覇権——大内、陶、尼子、信長・秀吉との戦

毛利元就の出自

毛利氏の始祖は大江広元（源義家に兵法を教えた）とされる。毛利時親から、その後、代々、安芸吉田に在。元就の兄興元が１５１６年没、興元の嫡男幸松が家督を継いだが１５２３年病没、興元の弟の松寿（元就23歳）が家督を承継した。元就の風貌は「隆準《りゅうせつ》肉角（鼻柱高く、額の骨隆起）、音吐《おんと》甚だ洪《おお》いなり」、英雄の相貌とされる。

１５２３年６月　大内義興が安芸に侵攻、元就は尼子経久と共に大内と戦う。大内義興は、足利義材を擁して上洛、将軍義材の後ろ盾となって１５０８年から１５１８年まで在京。義興帰国後、３年で京都の義材政権は崩壊している。

１５２５年　元就は大内旗下に入り、１５２７年、尼子経久と備後で戦う。

１５２８年　大内義興没、義隆が大内家督承継。

１５３７年　元就、嫡男隆元を人質として大内義隆の許へ送る。

１５４０年　本拠吉田郡山城を尼子に攻められ、陶隆房（晴賢）を将とする大内の救援を受ける。尼子３万に対し元就は３千の兵で吉田郡山城に３月籠城、耐え抜いたとされる。

尼子氏は近江京極氏の一族、出雲守護被官から身を起こし、経久の時代には実質的な出

雲守護となり、近隣諸国侵攻。1541年、経久没。嫡男政久早世のため嫡孫晴久家督承継。

1541年　尼子経久没を機に大内が出雲侵攻、42年、元就も出雲侵攻、43年、尼子の出雲月山富田城を攻めるが不成功。

同年　元就三男隆景が有力国人小早川氏承継。隆景は「姿儀美しく、沈断にして謀慮あり」とされる。

1546年　元就、家督を嫡男隆元に譲る。実権は元就が掌握。

1547年　元就次男元春が元就の妻の実家吉川氏承継。元春は「豪爽にして善く兵を用ふ」とされる。

陶隆房（晴賢）、大内義長との戦

1551年　大内氏重臣陶晴賢が大内義隆の猶子で豊後大友義鑑《よしあき》の弟晴英《はるふさ》を擁して挙兵、義隆は敗れて自刃。翌年、晴英が大内家督承継、大内義長を称す。元就は陶に味方。一方、備後で尼子晴久と戦う。

1555年10月1日　厳島の戦――陶晴賢討滅。

元就は厳島に宮尾城を築き、家臣の一人に「陶軍が宮尾城を攻めるなら、元就留守中に自分は元就居城を攻略する」と偽りを言わせ、陶軍に宮尾城を攻撃させ、夜陰と風雨に紛れて元就勢６千が厳島上陸、２万の陶軍は大軍のため島内で動きが取れず敗れ、陶晴賢は厳島西海岸で自刃、元就勢勝利。厳島戦の元就の勝利は、この地方の勢力図を塗り替えることになった。

この戦については、以下のような考察もある。

宮尾城は安芸の元就の本拠に面しており、元就が厳島領有のために築いた城であった。陶晴賢は毛利攻略のため宮尾城を攻略、周囲の制海権も握ったが、元就は来島水軍に来援を頼み、小早川・毛利水軍と併せて陶軍と海戦、勝利。陶晴賢は制海権を奪われ、その結果、厳島の陶軍は総崩れとなった（森田善明氏）。

この後、元就は周防、長門侵攻。１５５７年4月、元就に攻められ、大内義長は長府（下関市）長福寺で自刃。名族大内氏滅亡。元就は、周防、長門、安芸、備後、石見を勢力下に置き、山陽は隆景、山陰は元春が担当する両川《りょうせん》体制を採る。

九州侵攻、尼子氏との戦、元就の死

１５５９年　少弐《しょうに》氏が家臣竜造寺隆信に攻められ滅亡（1月）。肥前・筑前に竜造寺勢力が伸長。筑前で大友と毛利、肥前で大友と竜造寺が戦う。

1560年　尼子晴久急死。嫡男義久家督承継。翌年、将軍義輝の仲介で毛利、尼子和睦。

1561年　門司城を巡り毛利、大友が戦い、大友は毛利に敗北。大友は将軍義輝に仲介を頼み、64年、毛利、大友和睦。

1562年　毛利が石見銀山を尼子から奪取、石見制圧。

毛利は出雲国衆の多くを調略、尼子の本拠地富田城包囲、1566年、尼子義久は毛利に降伏、富田開城。義久、弟の倫久、秀久は安芸へ送られる。尼子重臣山中鹿之助は随行を許されなかった。尼子の3人は毛利から領地を与えられ、佐々木氏を名乗った。

1563年　嫡男隆元没。隆元嫡男輝元が家督、元就が孫を後見。

1566年　大友との和睦破れ、毛利、九州侵攻。

1568年　毛利、河野を支援して四国伊予に進出。

1569年　山中鹿之助が尼子一族の勝久を擁して出雲に攻め込み、毛利反撃。大友水軍周防侵攻。能島村上水軍離反。備前で浦上氏挙兵。以上のような中国情勢に対応するため、毛利は九州侵攻から撤退。

1571（元亀2）年　吉田城で元就病没（75歳）。臨終の枕元で3人の息子（一人は孫輝元19歳）に「この矢、一本なればもっとも折れやすし。然れども一つに束ぬれば折れ難し。汝らこれを考え、一和同心すべし」と語ったとされる。元就没以降、輝元は元春、隆景両叔父の主導のもとに、信長侵攻に臨むこととなる。

吉川元春、小早川隆景、毛利輝元の信長（秀吉）侵攻への対応

信長は、羽柴秀吉に中国侵攻を主導させる。

１５７４（天正２）年１月　尼子勝久が信長の兵を借りて鳥取城を落とすが、元春、隆景が勝久を追う。

同年　足利義昭が輝元を頼る。

１５７５年　信長が大阪本願寺を攻め、毛利は本願寺の要請で食料を水軍で送る。

１５７７年　尼子勝久（秀吉軍先鋒として）が別所氏の播磨上月《こうづき》城を攻略。別所氏は毛利に支援要請、元春、隆景が上月城包囲。信長の命令で尼子の上月城は見捨てられ、翌年6月落城、勝久切腹、山中鹿之助《しかのすけ》は輝元の許へ送られる途中で殺された。

１５７８年　宇喜多直家が信長に通じる。備前・備中・美作では、宇喜多は浦上氏から独立、備中三村氏、備前松田氏を滅ぼし勢力伸長。毛利と結んで主家浦上氏を滅ぼし、次いで、信長と結んで毛利に対抗した。

同年10月　信長配下の荒木村重が信長に叛き、毛利に支援要請、食料を支援。

１５７９年　毛利、美作・備中で宇喜多、信長勢と戦う。

1580年　毛利方別所長治の三木城陥落、長治自刃。毛利、但馬・因幡で戦う。
1581年　秀吉、毛利方鳥取・丸山城攻略。
1582（天正10）年1月　元春が鳥取城攻め中、信長本人による本格的中国侵攻の動きがあり、隆景から要請を受け、元春は備中高松城（秀吉の水攻め）へ向かう。輝元、元春・隆景の毛利全軍と信長出陣を待つ秀吉勢が対峙する事態となった。
同年6月2日　本能寺の変で信長横死。
同年6月3日　安国寺恵瓊と秀吉が和議交渉。高松城主清水高治切腹などで和議成立。
この時点で毛利の勢力は8州120万石（長門、周防、安芸、石見、出雲、伯耆、備後、備中の一部）に及んでいた。毛利は6月3日の秀吉と和議後、秀吉を追撃しなかった。追撃しても光秀を利する結果となる。その才能を知り、馴染みのある秀吉に恩を売る方が良いと考えたと見られている。

秀吉政権下の毛利

以降、秀吉の中国大返し、山崎合戦、秀吉の天下へと事態は進む。毛利は秀吉の勢力下に入り、秀吉の九州、四国征討、朝鮮戦役に参加、豊臣政権の大大名の1人となった。

1586（天正14）年　元春没（57歳）、1597（慶長2）年、隆景没（62歳）。元春

は秀吉に屈することを不快としたが、隆景は秀吉に仕え、「秀吉の重んずる処、大計に参ず」とされる。

2人は輝元に、次のような遺書、遺言を残している。

元春は「往日、吾が兄弟、並に先鋒となり、子《し》を推して元帥となす。今、天下すでに主あり。子、慎んで自ら視ること、往日の如くなるなかれ。」、隆景は「天下将に乱れんとす。子、ただ退守して、進取するなかれ。我が家をして、雄資先君の如き者あらしめば即ち可なり。否《しからず》して権を天下に争うは、是れ自ら禍を速《まね》くなり。」とする。隆景が没したのは秀吉政権末期であった。

元春、隆景存命中は、輝元はその助けで、毛利の勢力を維持・拡大、大大名としての存在感を維持することが出来た。隆景没後の関ケ原戦で、毛利輝元は西軍に総大将として加担、敗戦、家康の調略に惑わされ、戦うことなく家康に大阪城を明け渡し、その後、戦いの責めを負わされ大幅に減封された。

輝元が大阪城を楯に秀頼を擁して家康と戦っていれば、或いは、大阪城に籠り戦う姿勢を示していれば、家康の関ケ原戦後の対応は異なる展開となっていたであろう。毛利の凋落は、輝元に戦国武将としての資質に欠ける処があった故と評されている。

毛利家系図

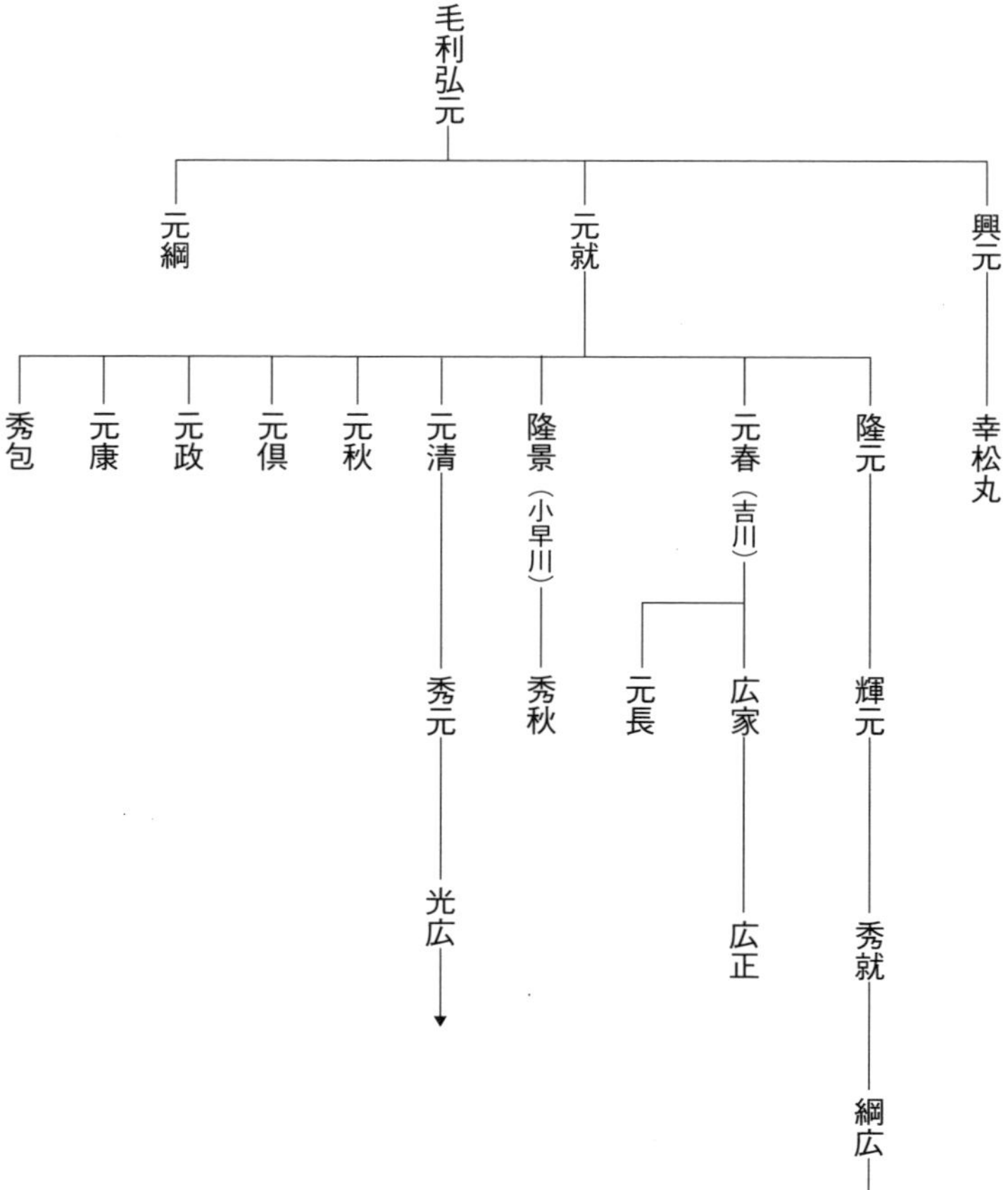
毛利弘元
元綱
元就
興元
秀包
元康
元政
元倶
元秋
元清
隆景（小早川）
元春（吉川）
隆元
幸松丸
秀元
秀秋
元長
広家
輝元
光広
広正
秀就
綱広

5　九州の覇権大友から島津へ、四国の長曾我部、東北の伊達

九州の覇権――大友から島津へ

①　大友氏

大友氏の先祖は、平安時代の武士の先駆け的存在の藤原秀郷《ひでさと》とも藤原利仁《としひと》とも言われる。初代当主大友能直は源頼朝の下、豊後、筑前守護、鎮西奉行に任じられた。その後、大友氏は豊後に定着、室町から戦国時代には領土を隣接する大内氏、少弐氏と争う。20代大友義鑑《よしあき》の時代に勢力を伸ばし、肥後、筑後に進出、豊後と併せて３国の守護となる。

１５５０年　義鑑は嫡男義鎮《よししげ》（宗麟）を廃嫡しようとして、家臣に殺害され、義鎮が家督承継。

１５５１年　義鎮は、大内氏重臣陶晴賢と結んで周防・長門の当主大内義隆を倒し、義鎮の弟の晴秀（義長）を大内氏当主とする（義鎮、晴秀の母は義隆の姉で義鑑に嫁した）。

１５５４年　義鎮、肥前守護に。四国伊予にも進出。

１５５７年　大内氏滅亡。大友は大内氏を滅ぼした毛利と直接対峙するようになる。

１５５９年　義鎮、豊前、筑前守護に。九州６国守護と伊予、日向の半分を勢力下に置く。

１５６１年　門司攻防で毛利に敗北、和睦。66年、和睦が破れ、再び、毛利と戦うが、69年、中国地方の情勢緊迫で毛利撤退。
１５７０年　少弐氏の家臣であった竜造寺隆信とその将の鍋島直茂が大友を破る。竜造寺隆信は肥前統一を目指し、平戸の松浦氏、島原半島の有馬氏と対峙。
１５７８年　義鎮は日向灘の安全確保の名目で南下、日向の伊東氏を助け島津と戦い、大敗（耳川の合戦）。これを境に大友氏は衰勢に向かい、島津氏の勢力が強くなる。
１５８４年　有馬氏救援の島津に竜造寺隆信が討たれ、竜造寺氏崩壊。
１５８５年　関白秀吉の九州惣無事令（停戦命令）。義鎮受諾。
１５８７年　大友氏は秀吉から豊後を安堵される。

②　島津氏

島津氏は秦氏の子孫で惟宗氏の流れとされる。島津家初代忠久は源頼朝の側室丹後局の子とされ、京都近衛家に仕える公家侍であったが鎌倉御家人となり、近衛家の島津荘の荘官として九州に下った。島津荘は、それまで平氏が管理していたが、壇ノ浦で平氏が没落したため、忠久が荘官に任じられ、一族が薩摩に移ったとされる。鎌倉時代には薩摩守護として過ごすが、一族の内紛が絶えなかった。

１５５０年　伊作・相州家貴久が本宗家の根拠地鹿児島に入り、52年、守護の地位を確立。天正年間には薩摩各地の豪族も服属。

島津氏と宮崎平野を中心とする山東地域を抑える伊東氏とは１４００年代から抗争、16世紀初頭には伊東尹祐《これすけ》、義祐《よしすけ》の勢力が伸長、飫肥《おび》を巡る攻防が天文年間（１５３２〜１５５５年）から20年以上続く。

１５７２年　伊東氏は木崎原《きざきばる》で島津義弘軍に大敗、77年、大友義鎮の処へ逃れたが、78年、耳川の戦で島津軍は大友・伊東軍に大勝、大友は日向から手を引く。81年以降、島津は肥後国衆の対立を利用して伊東氏に隣接する相良氏を滅ぼし、竜造寺、阿蘇氏など次々打ち破る。

１５８５年　関白秀吉の九州惣無事令。島津は受諾と言いつつ筑後、筑前に侵攻。86年7月、秀吉派遣の島津討伐軍を破る。

１５８７年　秀吉率いる大軍が侵攻、４月17日、日向で島津軍が豊臣秀長軍に大敗。５月８日、島津義弘は秀吉に降伏。薩摩、大隅、日向を安堵される。その後は、秀吉政権に服属した。

四国の長曾我部

四国東部の阿波、讃岐は細川、三好氏の勢力下にあり、畿内情勢と連動していた。阿波勝端城《しょうずい》（徳島県藍住町）には三好長慶の実弟の三好義賢があり、長慶を支えてきたが、1560年河内高屋城主（大阪府羽曳野市）となり、1562年戦死。

その跡を担った義賢の有力被官篠原長房も1573年失脚、三好氏は弱体化し、土佐の長曾我部氏が阿波、讃岐に侵攻する。

四国西部の伊予の河野氏は毛利との婚姻を通じて、辛うじて伊予を維持するが、大友、毛利、土佐長曾我部の侵攻を受ける。

東北の伊達

伊達氏は元は伊佐氏、伊佐氏は魚名《うおな》流藤原氏の出とされる。初代伊佐朝宗《ともむね》は常陸国伊佐郡の豪族で源頼朝挙兵に早くから参加、奥州藤原泰衡征討に従い、その軍功により奥州伊達郡（福島県伊達郡）を与えられ、以降、伊達氏と称した。

1522年　伊達稙宗《たねむね》が陸奥守護になる。越後長尾晴景の時に（1537〜1538年）、実子の無い上杉定実の養子に稙宗の子を迎える話があり、越後阿賀北衆が賛否に分れ、稙宗出兵の動きとなったが、稙宗の嫡子晴宗が養子縁組に反対。

１５４２年　父稙宗を幽閉、晴宗が家督を奪った。晴宗は本拠地を出羽国米沢に移す。晴宗も子の輝宗と相克、１５６６年輝宗家督承継。輝宗は、陸奥行方《なめかた》郡相馬氏、常陸佐竹氏、山形最上氏、会津蘆名氏と争う。

１５８５年　伊達氏に降伏した二本松畠山義継が宮森城の輝宗に挨拶に来て、輝宗を拉致。輝宗の嫡子政宗が逃げる義継を父輝宗諸共射殺と伝えられる。輝宗、政宗の父子関係は良くなかったとされる。

１５８９年６月　伊達政宗は猪苗代湖北の磨上原《すりあげはら》で領土を隣接する蘆名軍を破り、居城の黒川城（会津若松）を奪い、蘆名氏を滅ぼした。これを関白秀吉の陸奥惣無事令違反と咎められ、同年、政宗は小田原攻城中の秀吉の許に赴き、秀吉に服属する。

その後の秀吉の東北征伐、東北一揆で、米沢の旧領を没収され、現在の宮城県を中心とする所領を与えられた。家康が江戸に幕府を開くと居城を仙台に移し（政宗35歳）、仙台藩62万石の祖となり、70歳まで生きた。より早い時代に生まれていれば、戦国大名として大きく飛躍したのではないかとされる。

第2章

天下布武——織田信長

安土城跡大手道石階段（滋賀県近江八幡市）

Ⅰ　信長勢力の誕生──尾張平定・桶狭間戦・美濃平定

1　信長勢力の誕生──尾張平定

織田氏の出自と織田信秀

①　織田氏の出自

織田氏の祖は平重盛。重盛の次男資盛《すけもり》は源氏との戦で戦死、孤児となった資盛の子は近江津田郷《さと》に隠れ住んだが、越前織田荘の人の養子となり親真《ちかざね》と名乗った。代を重ね、足利時代に越前・尾張守護斯波義重《よししげ》の近臣となる。親真から15世の敏定《としさだ》の時代には、斯波義良《よしなか》の守護代として尾張清洲城（愛知県清須市）に在り、織田氏の家督は、敏定から敏信と継承された。

敏定の庶子の信定の子が信秀で勝幡城《しょうはた》（愛知県愛西市・稲沢市）にあり、武に秀で、多くの武士が信秀に服したとされる。

②　織田信秀

尾張下４郡（海東、海西、愛知、知多）は織田敏信の子の尾張守護代織田大和守達勝《みちかつ》が司り、主の斯波氏と共に清洲城にあり、達勝の３奉行の一人が織田信秀であった。尾張上４郡（丹羽、羽栗、中島、春日井）は同じく織田敏信の子の織田伊勢守信安が司り、岩倉城（愛知県岩倉市）にあった。

１５３２（天文１）年　信秀が主家達勝と戦い、勝って和睦。

天文３年　信秀、主家の清洲織田家、守護斯波氏を凌ぐ勢いとなる。信秀は、三河松平氏を挟んで今川氏と衝突を繰り返す。

天文５年　今川義元が今川家督継承。義元は武田と結んだため小田原の北条氏との争いが続き、三河が手薄となり、三河で信秀が勢力を伸ばす。

天文９年　信秀、三河安祥城攻略。

天文10年　信秀は伊勢外宮経費を朝廷に寄進、三河守に任じられる。信秀は港町津島（愛知県津島市）と熱田（名古屋市）を支配下に置き、海運等からの収益で財力があった。

天文17年　美濃の土岐頼芸《よりよし》が信秀を頼る。８月、信秀と斎藤秀竜（道三）が戦い和睦、同盟。頼芸を元に復し、秀竜の娘（濃姫、帰蝶《きちょう》）が信秀の嫡男信長に嫁す。信秀は末盛《すえもり》城（名古屋市）に移る。

今川義元は１５４６年北条と停戦協定を結び、西に向かい三河侵攻、１５４８年小豆坂で信秀に勝利、49年安祥城、上野城も義元に奪われる。

1547年、信秀は三河の松平竹千代（家康）を拉致、人質とするが、1549年、今川に捕らわれた織田信広（信秀の長子）との人質交換で家康を今川に渡す。三河はほぼ義元が掌握。家康は今川の人質となり、駿府に住む。家康の織田での人質生活は2年に及んでいるが、この時代に信長と家康の関係がどうであったかは不明である。

1552（天文21）年3月　信秀病没（42歳）。12男、4女あり。庶長子信広、次子嫡男信長（幼名吉法師）。

③　斎藤秀竜（道三）

秀竜の父の新左衛門尉が美濃の名族長井氏に仕え頭角を現し、長井氏を名乗る。大永年間、新左衛門は長井氏宗家当主長弘と共に、守護土岐氏、守護代斎藤氏から実権を奪う。

1533（天文2）年　長弘、新左衛門没。新左衛門の子の秀竜（道三）が跡を継ぐ。天文6年頃までに、秀竜は長井宗家を滅ぼし、守護土岐氏を追放、美濃の実権を握り、斎藤の名跡を継ぐ。

信長登場

信長は1534（天文3）年　信秀と土田御前の間に生まれた。土田御前は愛知乃至岐阜生まれとされる。信長、信行、信包《のぶかね》、市を生む。信長を嫌い、信行を偏愛したとされる（１５９４年没）。

信秀は早くから信長を後継者とし、那古屋城を譲る（信長11歳）。信長、13歳で元服、14歳で三河吉良大浜へ初陣、15歳で美濃斎藤道三の娘を娶る。守役は林通勝《みちかつ》、平手政秀。信秀は38歳頃から病、１５５２（天文21）年没（42歳）、信長が家督継承（19歳）。

少年時代の信長については、18歳頃までは馬術、水練、弓・鉄砲、兵法の稽古に励んだ。16〜18歳頃に、服装、行動の奇異が多く伝えられ、「大うつけ」と言われ、父信秀の葬儀で香を掴んで投じたことなどが伝えられる。戦国の世では優秀な後継者は競争者から暗殺されることが多く、奇矯な行動は父信秀と謀って、信長暗殺を避けるためのことであったとも言われる。

信秀から家督承継直後の天文22年４月、信長は舅の斎藤道三と富田の正徳寺（愛知県一宮市）で会見した。往きの行列では奇妙な服装、会見では威儀正しい服装で現れ、礼を弁《わきま》えた会見を行い、道三が「ああ、美濃一国、吾れ終にこれを贄幣《しへい》となさざるを得ざるなり」と言わせたという（信長20歳）。道三が信長の非凡を見抜いたことを示しているとされる。

天文22年には守役の平手政秀が信長の放蕩を諌めるため切腹している。平手は信長の非凡さを見抜けなかったことになる。信長にとって、信秀の代から道三と同盟を結んだことは、尾張統一、対今川戦略として極めて有効であった。

信長は言葉が少なく、発言は「であるか」、「是非に及ばず」といった類のものであったとされる。信長は少年時代から長槍での闘争が有利として家臣に訓練させ、子飼いの若者の直臣団を組織、戦場では常に戦の先頭、激戦の場に身を置き、信長を見て従う武士は奮い立ったと言う。

信長は、本能寺の変に倒れるまで合戦凡そ120回、その生涯は戦争の連続であった。

信長の尾張平定

信秀没直後の1553（天文22）年、鳴海城の山口左馬之助と子の九郎二郎が今川方へ寝返り、隣の大高城、沓懸《くつかけ》城も乗っ取られた。信長は、今川との前線の重要基地を奪われ、鳴海城には今川から岡部元信が城代として入る。山口父子は駿河に呼ばれ、今川に切腹させられている。

天文22年7月　清洲守護代織田信友家老坂井大膳《だいぜん》が守護斯波義統《よしむね》を討ち、清洲城を乗っ取り、義統の子の義銀《よしかね》が信長に庇護を求める。

天文23年4月　信長は叔父信光と組んで守護代織田信友を討ち、尾張下4郡を2人で分けることを約束。信光が清洲城に乗り込み、信友を切腹させ、清洲城を信長に引き渡し、自分は那古屋城に入る。信光は半年後に家臣に殺され、下４郡は信長のものとなった。

１５５６（弘治２）年　林通勝、柴田勝家が信長の同母弟で母土田御前の偏愛する末盛城の信行（勘十郎）を擁立、信長と戦い敗北。信長は林、柴田を許す。

信長の異腹の兄の信広が斎藤道三と結んで謀反を企てるが失敗。

１５５８（永禄１）年11月　再び信行が謀反を企てていると柴田勝家が信長に告げる。信長は病と称し、「家督を信行に譲る」として、清洲城に信行を呼び寄せ殺害。

永禄２年　美濃の斎藤道三が家督を譲った長子義竜を廃し、義竜の弟竜之を立てようとして義竜と戦い、敗死（63歳）。信長は道三救援に赴くが及ばず帰る。

尾張上４郡の守護代岩倉城主織田信賢が義竜に与するが、信長、犬山城主織田信清がこれを破り追放。

その後、今川義元らと謀って信長に敵対したという理由で守護斯波義銀《よしかね》を追放。信長は尾張統一を果たす（26歳）。信秀没、家督承継から8年を要した。

同年2月2日上洛、3月まで在京。将軍義輝御所に参上、尾張支配の承認を得る（軍勢は伴っていない）。3～4月には斎藤義竜、4～10月には長尾景虎が上洛している。

将軍義輝が三好長慶に対抗するため彼等の上洛を要請したもの。信長の上洛期間は短く、義輝から特別の優遇はない。斎藤義竜は将軍の「義」の字を貰い高政から義竜となり、一色の苗字も貰っており、当時の義竜の評価は信長より高かった。将軍相伴衆《しょうばんしゅう》の格式と、

今川義元の鳴海城からの侵入に備えるため、信長は鳴海城の周囲に丹下、善照寺、南中島、丸根、鷲津山に砦を築き、兵員を配置、鳴海城の孤立化を図る。鳴海城は、海に面し、西は深田、北より東は山続きの要害であった。

2　桶狭間の戦

1560（永禄3）年5月19日　信長は、田楽狭間（名古屋市緑区）で今川義元と戦い、勝利する（27歳）。信長軍は今川勢に気付かれないよう迂回路を通って義元本陣を奇襲したという見方が世間に流布している。明治32年に参謀本部も「日本戦史　桶狭間役」で迂回奇襲説を採用している。しかし、迂回奇襲説は江戸時代の小瀬甫庵の記した「甫庵信長記」によるもので、真実を伝えたものとは言えない。

桶狭間戦については様々な考察がある。

日本外史の記述

今川義元は駿河、遠江、三河を勢力下に置き、その軍勢は４万５千（２万５千ともされる）、対する信長軍は３千。

５月18日　沓掛、大高に今川軍攻めかかるとの情報が信長に入る。信長は「両城を明日救う」と述べ、宿老の林通勝は籠城を主張、信長はこれを不可とし「隣国来たり犯せば戦う、明日の決戦で勝敗を決せん」と述べ、酒宴。宴たけなわにして天明く。

信長は幸若舞の敦盛を舞い、舞い終わると出陣、従うもの10余人、熱田で千人、集まって３千騎となる。「敵は昨日以来の戦で疲労、義元は自分を侮っている、不意に出て戦えば勝てる」と述べ、桶狭間を俯瞰、馬上槍を揮い馳せ下る。大雷霧雨で昏黒《こんこく》、迂回して今川軍の中心を横から衝き、義元を討ち、今川軍は敗走した。

信長公記の記述

５月18日夕刻、明日、今川軍攻撃必至との情報が清洲の信長に届く。その夜は軍議もなく、雑談で解散。家老達は「運勢が傾く時はこういうものか」として帰った。５月19日夜明け、鷲津山、丸根山に今川勢攻撃の報が入ると、「人間50年、下天の内にくらぶれば、夢幻の如くなり。ひとたび生を得て、滅せぬ者のあるべきか」と幸若舞の敦盛を舞い、鎧を着け、立ちながら食事、主従6騎で熱田まで駆ける。ここで待機した雑兵2百程を率いて丹下、次いで善照寺に行き、軍勢を揃える。義元勢は桶狭間で陣馬に休息を与えている処であった。

信長が善照寺に来たことを知って、信長軍の佐々隼人正《はやとのしょう》と千秋《せんしゅう》四郎が3百人程で義元勢に攻めかかり、両将討死。義元はこの勝利を喜ぶ。信長は中島に移る。この時には軍勢2千。信長は「今川勢は前日からの戦で疲れている。我々は新手の兵だ。敵を恐れるな。切り捨てて進撃せよ」と言い、山際まで進むと、突然の豪雨。雨が収まり、信長は「かかれ」の大音声。信長勢の攻撃に今川本陣は崩れる。義元側近は3百騎で輪を作り、義元を囲んで退くが、次第に討たれ、50騎ばかりとなり、終に、信長軍の服部小平太が義元の膝を切り、毛利新介が義元の首を取った。桶狭間は土地が低く入り組んで、深田があり、草木が茂って難所であり、ここに陣したことは義元の運が尽きた証拠であろうとする。信長は馬先に義元の首を吊り下げて清洲へ帰還。後、義元の首は駿河に送り返した。

信長公記を敷衍しての見解

今川義元は駿河、遠江、三河を抑え、尾張攻略を目論んだ。今川氏の尾張進出の橋頭保は鳴海城であったが、信長はその周囲に丹下、善照寺、中島砦を築き、また、今川側との連絡を絶つため鷲津、丸根砦を築いた。こうした情勢下で桶狭間の戦は起こった。

5月19日　信長は清洲から熱田へ少数で出る。熱田には2百の雑兵が待機、これを連れて丹下、さらに善照寺砦（戦場を一望できる丘の上にある）に入る。ここに予め2千の軍勢を待機させてあった。

義元が桶狭間で休息中に、義元の前衛部隊は中島砦前に展開。信秀時代からの家臣佐々隼人正、千秋季忠（3百人）が信長の善照寺からの出撃を見越して今川前衛軍を攻撃するが討死。

信長は、この状況を善照寺砦から見て中島砦に移り、出撃、今川軍と激戦。今川前衛軍は崩れ敗走、義元も退く。義元は、その退却途中に信長軍に捕捉され、味方の将兵の殆どが討たれ、自らも落命した（森田善明氏）。

義元が狭隘な桶狭間に本隊を駐留させたのは、兵の休息地として夏の日差しを避けられる日陰のある桶狭間が適当と考えたこと、近くの高根山周辺の高地から戦況を一望、次の作戦を考えようとしたことにある。しかし、隘路口の封鎖が弱く、桶狭間に進軍してくる信長軍の動きを把握できなかった（明智憲三郎氏）。

いずれにせよ、信長の戦は考え抜いた上での作戦行動であり、作戦通りに勝利したと見る。

考察

桶狭間の戦は、俗説のように、今川の大軍に対し、小勢の信長が奇襲攻撃をかけた奇跡の勝利ではなく、信長は、かねて、その時あることを考え、鳴海城の周りに砦を築き、必勝の作戦をたてて、戦に臨んだ勝利と見るべきであろう。今川の大軍に対し信長2～3千というのは過小で、信長は既に尾張を制圧していたのでその兵力は1万程度はあったものと考えられ、信長直轄の攻撃兵力が2～3千程度であったのではなかろうか。

開戦前には信長の周囲には今川側への内応者がおり、信長の行動は今川側に伝わっていた。こうした状況から信長は態度を明らかにしなかった。早朝、義元接近の情報に接した信長は少数を率いて出陣、それ以降は、信長にとって予め想定した行動であった。子飼いの直臣軍団2千余で義元の本陣を急襲。今川勢は大軍であったが、兵力を分散しており、信長急襲に敗れ去った。義元が桶狭間で休息したのは、信長逃亡、降伏などの噂はあったが信長の所在が掴めず、信長側の内応の知らせを待っていた可能性もある。

今川義元の尾張侵攻は上洛のためとの見方もあるが、信長を倒し、尾張を攻略することが目的であったと思う。

義元討死で三河の松平元康（家康）は、父祖の地である三河岡崎城へ入る。

1561（永禄4）年1月　松平元康は水野信元の仲介で信長と同盟。信長にとって、これで東に対する防壁が出来たことになる。

３　美濃平定

美濃平定

１５６２（永禄５）年　入朝を促す勅旨が信長に届き、信長は西上策を考えるようになる。信長は甲斐の武田信玄には恭順の姿勢をとり、美濃斎藤氏攻略に向かう。

永禄６年　本拠を清洲城から小牧城（愛知県小牧市）へ移す。これが美濃攻略の画期となった。東美濃の城は次々と調略で信長方になっていく。

永禄年間（１５５８～１５７０年）は飢饉が頻発、小牧城下町建設は農民の飢饉対策の意味も持った。城下町建設に従事するため東美濃からも農民が欠落、退転して小牧に流れ込み、東美濃疲弊の因ともなったとする考察もある（森田善明氏）。

斎藤秀竜（道三）は、１５５４年、嫡男義竜に家督を譲った。義竜の母深芳野《みよしの》は土岐頼《より》芸《あき》の側室で、道三に下賜された女性であり、義竜が道三の子であるかには疑念があって、父子の仲が良くなかった。道三は、義竜を廃してその弟に家督を継がせようと１５５６年に義竜と戦うが、義竜側1万7千5百、道三側2千7百で道三は敗死した。義竜はそれなりの人物であったが病死、家督は義竜から子の竜興《たつおき》に代わった。竜興は暗弱と評され、美濃で信長に通じる者が多くなる。

永禄9年9月　木下藤吉郎、墨俣に一夜城構築（真偽不明）。

永禄10年5月　信長は息女徳（五徳）を家康嫡男信康に嫁がせ、家康との連携を強める。

同年8月　信長は、斎藤氏の重臣西美濃3人衆、稲葉良通、安藤守就、氏家直元を調略、その後、美濃稲葉山城を攻略。斎藤竜興を追い、美濃掌握。竜興は一向一揆を頼って伊勢長島（三重県桑名市）に逃亡。

信長は稲葉山城を岐阜城と名付け本城とした。桶狭間戦から7年の歳月を要している。岐阜の名は以前から禅僧の間にはあったという。

足利義昭岐阜へ

永禄10年11月から信長は「天下布武」の朱印を使い始める。「武力により天下を治める」という理念を掲げたと解されている。当時の足利将軍の勢力範囲の畿内5国で、天下とはその範囲を意味したとの見解もある。

永禄11年2月　信長は伊勢に侵攻、8郡征服、有力国人神戸氏を服属させ、3男信孝

（11歳）を養子に入れ、また、弟の三十郎を長野家に入れて長野上野介信包《のぶかね》と名乗らせた。

４月　信長の妹市が浅井長政（北近江３郡支配）に嫁す。信長上洛に際しての通路確保を考えた同盟であったとされる。

７月　信長は足利義昭を越前朝倉から迎える。義昭は12代将軍足利義晴の次男で１５３７（天文６）年生まれ。兄義輝とは１歳違いの同母弟。１５６２年一条院門跡、１５６５（永禄８）年５月兄将軍義輝が三好義継・松永久秀に殺害されると一条院に幽閉されるが、７月脱出、翌年２月、還俗して義秋を名乗る。越前朝倉義景の元に寄寓、永禄11年４月朝倉義景の一乗谷城で元服、義昭と改名。秀吉と同年生まれ、信長は３歳年上、家康は５歳年下、本願寺顕如は６歳年下である。

京都では三好康長（元長の弟）、三好政康、石成左通《いわなりすけみち》の三好三党が政治を専らにしていたが、信長が尾張、美濃を平定したことで、義昭を擁しての信長上洛は現実の動きとなる。

９月　三好三党に与する近江観音寺城の六角義賢を破り、信長上洛（35歳）。浅井軍は織田軍に合流、六角氏を攻略している。三好三党は京都を去る。

Ⅱ　信長上洛――天下布武への戦

1　信長上洛、義昭を将軍へ――信長覇権への戦開始

足利義昭を将軍に、京都周辺の平定

①　1568（永禄11）年　義昭将軍実現

9月　信長軍上洛。上洛した信長軍の軍律は厳しく、京都の物情は定まった。三好義継、松永久秀は信長に帰服。これまで京都周辺に勢力を振るった六角氏や三好三党は、信長上洛は一過性のもので、しばらくすれば内紛を起こし瓦解するであろうと見ていた。しかし、信長の行動は迅速、苛烈、不可逆であった。

三好三党を攻め、山城勝竜寺《しょうりゅうじ》城（長岡京市）、摂津の芥川城（高槻市）、越水《こしみず》城（西宮市）を攻略。三好康長は阿波に戻る。信長は降った松永久秀には大和の志貴城を与え筒井氏に備えさせ、三好義継と畠山高政には河内国安堵。摂津は伊丹親興、池田勝正、和田惟政といずれも信長の味方をした者に分与した。

10月14日　信長は京都に戻り、10月18日足利義昭は15代将軍に就任。義昭は信長に恩義を感じ、信長を父と呼ぶ。

10月26日　信長は岐阜に帰る。義昭は幕府機構を整備、直轄領再興、京都の商工業権益掌握など、幕府再興に努めるが、その支配には、信長の経済力、軍事力は不可欠であった。信長は義昭を将軍に擁立したことで、将軍の名の下に多くの大名を信長に出仕させる大義名分を得た。信長は義昭の幕府の中に入ることを拒否、自らの歩を進めていく。

②　1569（永禄12）年　京都周辺征討、民生安定へ

永禄12年1月　三好三党・斎藤竜興等が義昭を攻囲。信長、直ちに上洛、これを平定。堺に三党を扶けたことで贖金《しょっきん》2万貫を課す。交易の中心地堺を抑えたことは信長に大きな利を齎すことになる。信長、義昭の御所（二条城）新築。

1月16日　信長は殿中掟を定め、将軍の裁判、知行安堵など殿中のおける将軍の作法、執務を改めて周知させ、3月1日撰銭令《えりぜにれい》で良貨と悪貨の交換比率を定め、金銀貨は高額商品に、銅銭は低額商品に使用するよう定める。

4月　キリスト教宣教師フロイス（イエズス会）と会見。バテレンの都居住、布教の自由を認める朱印状を出す。信長は、ポルトガルとの交易の利に加え、西洋の知識、文化に魅力を感じ、吸収、自らの役に立てることも狙いであった。

日乗が天皇から伴天連排斥の綸旨を得たが、フロイス擁護の信長の前には問題とされな

かった。フロイスはその後何度も信長に会見、それらの経験を元にして「日本史」を執筆、本国に送っている。

キリスト教の日本伝来は１５４９（天文18）年、フランシスコ・ザビエルが鹿児島に到着したことに始まる。ザビエルは、肥前平戸で松浦隆信、山口で大内義隆に会い、更に、上洛、将軍義輝に会おうとしたが果たせず、九州に戻り、豊後（大友宗麟）で布教、１５５１（天文20）年インドへと去った。

その後、ガスパル・ビレラ、ルイス・フロイス、オルガンチノ、バリニャーニなどの宣教師が来日、布教する一方、ポルトガルとの交易が盛んとなった。

初めてキリシタン大名となったのは肥前大村純忠で、１５６３（永禄６）年32歳の時である。領内には6万人のキリシタンが居たとされる。一方、寺社破壊、キリシタンへの改宗強制、長崎港をイエズス会に寄進するなどの行過ぎも生じている。

信長は木下秀吉、村井貞勝（春長）に京都の守護を命じる。

７月　但馬侵攻。

８月　南伊勢へ出兵。北畠具教《とものり》の大河内城（松阪市）攻略、次男信雄（12歳）を養子に入れる。伊賀上野にも出兵するが、伊賀の国人は服属しなかった。

③　１５７０（元亀１）年１月、将軍義昭との確執が始まる

義昭・信長の間で条書策定　義昭が御内書（将軍の公文書）を出す場合には信長に見せ、信長の副状《そえじょう》を付すること、信長に天下について委任されたからには信長の判断を以て成敗することなどを記された。信長による将軍義昭の公権抑制が目的であった（密約とされる）。

信長は「自分が上洛するので各々も上洛、馳走せよ」と近辺の大名に上洛を命じる（伊勢、三河、遠江、飛騨、但馬、河内、紀伊、大和、和泉、播磨、丹波、丹後、若狭、近江、越中、能登、甲斐、因幡、備前、摂津）。これに美濃、尾張、山城を加えた国々のかなりの数の大名が上洛した。信長がこの時点で掌握しているのは、尾張、美濃、近江の南半、伊勢、同盟国家康の領国三河、遠江を加えたところである。信長は将軍義昭の権威を借りて諸大名に、敵となるか、味方となるかの選択を迫り、味方となれば服属儀礼・所領安堵、敵対すれば討伐、軍事制圧・所領没収の脅しをかけたもので、天下統一への布石であった。越前の朝倉義景はこれに従わなかった。

３月　近江常楽寺で相撲大会。信長は相撲好きで、後年安土でも大会を催すなどしている。

浅井、朝倉、三好三党との戦、武田信玄没

① 1570（元亀1）年――浅井の裏切り、姉川の戦、三好勢、本願寺との戦

元亀1年4月　信長は越前朝倉へ侵攻。明智光秀を先鋒に木の芽峠を越えようとした処で近江の浅井、六角が背後から信長を挟撃の情報に接する。信長は当初は浅井長政の裏切り行為を信じなかったが真実と知り、明智光秀、木下秀吉、池田勝正、徳川家康を殿《しんがり》に残し、自らは直ちに京都へ引き返す。殿では光秀率いる鉄砲隊が活躍したとされる。

浅井長政の母は越前朝倉家から嫁いでおり、妻は信長の妹の市で、長政は母と妻の狭間で苦悩したと思われるが、父久政と母の立場を尊重したことになる。長政は「信長が朝倉を攻める時には浅井に相談する」ことを申し入れてあったが、これを信長が破ったため朝倉に加担、「ここで立てば信長を討てる」と考えたともされる。浅井長政の裏切りは信長にとって想定外で、この事件が信長に人間不信の念を植え付けたともされる。

この後、信長が京から岐阜へ帰る途中、六角義賢が銃上手の杉谷善住に信長を狙撃させ、信長の衣の袖に中る事件が起こる。

6月　江南で六角義賢蜂起、信長鎮圧。信長、浅井勢力に調略攻勢。

6月19日　信長、浅井の本拠地小谷城攻撃、朝倉来援。

6月28日　姉川の戦　浅井（8千）・朝倉（1万）と信長（2万3千）・家康（5千）軍

が戦う。激戦の末、信長・家康軍勝利。この戦の参戦で家康は信長から大きな信用を得たとされる。

７月　阿波の三好長逸《ながやす》、淡路の安宅《あたぎ》信康、讃岐の十河存保《そごうまさやす》、紀州雑賀の鈴木孫一、斎藤竜興等が糾合、摂津国で挙兵。

８月　信長岐阜出発。三好勢の籠る摂津の野田、福島城（大阪市）攻撃。

９月　一向宗本願寺法主顕如が抗戦策に転じる。三好、浅井長政と同盟。濃州郡上惣門徒中、江州中郡門徒中、河内国中一揆、紀州惣門徒中、阿波、讃岐、筑後に至る坊主衆、門徒中に相次いで蜂起を促す檄文を送る。

９月12日　一向一揆が信長方を攻撃、１５８０（天正８）年まで10年に及ぶ信長と本願寺の戦が始まる。

10月１日　阿波の篠原長房《ながふさ》が阿波、讃岐の兵を率いて野田城に入る。

年末、顕如は武田信玄に信長攻略の書簡を送る。翌年５月信玄は上洛の意を伝える。松永久秀も反信長に転じ、信玄と好を通じる。信長包囲網形成は関白近衛前久の画策との見解もある。

12月14日　本願寺・三好勢と信長講和。

② 1571（元亀2）年　比叡山焼討ち

5月　三好三党と信長の講和破れる。三好義継、松永久秀も離反し三好三党との連携回復。

同月　信長は長島一向一揆を攻めるが、氏家朴全《ぼくぜん》戦死、柴田勝家負傷と惨敗。小木江《こきえ》城（愛知県立田村）にあった信長の弟の信興《のぶおき》が浅井・朝倉に呼応して挙兵した長島一揆に敗れ自刃（元亀1年11月）、その報復の戦であったが失敗に終わった。

8月　三好三党は野田、福島に拠り、信長これを攻撃。

9月　一向宗と大阪で戦闘、信長側苦戦。この機に浅井・朝倉軍が比叡、坂下（近江）攻撃。信長は軍を返し、浅井・朝倉軍は比叡山に上がって戦う。

信長は比叡山に「味方に付くか、味方できないなら敵方に加担しないようにせよ。どちらも聞かないなら全山焼き討ちにする」と脅すが、比叡山はこれを無視した。

9月12日　信長は比叡山焼き討ち、皆殺し（1000人と言われる）。後世信長の神仏を恐れぬ残虐行為として非難された。比叡山焼き討ちを主導したのは明智光秀とされる。

10月　六角義賢降伏。浅井長政が信長に和を請うが許さず。

11月　降雪の時期となり朝倉軍は帰国のため和を請い、義昭の仲介で信長と和睦。

③　１５７２（元亀３）年──信玄上洛出立、三方ヶ原戦、信玄死す

5月　義昭は武田信玄と盟約、７月上杉謙信に対し信玄との講和を促す。本願寺、武田信玄、浅井長政、朝倉義景を中核に三好義継、松永久秀による信長包囲網を形成、浅井長政、朝倉義景は上杉謙信とも好を通じる。しかし、この反信長同盟には中心がなく、動機もばらばらで連携を欠き、有効な成果を挙げることは無かった。

7月　信長、信忠（初陣）浅井攻撃。朝倉来援。９月朝倉撤退。

8月　朝倉の重臣前波吉継《まえばよしつぐ》が信長方に寝返る。

9月　信長は義昭に17条の意見書　諸国に御内書を発する時に信長の副状を付す約束を破っているなどと義昭を咎め、世評は義昭を悪しき御所といい、６代義教と同じ悪評である。殺されても仕方がない将軍と宣告、これが巷間に流布された。

10月３日　信玄が３万の軍を率いて甲府進発。上洛の途につく。

12月３日　朝倉義景は信玄進軍を知りながら、来冬、積雪のためとして越前に引き上げる。信玄は憤慨したとされる。

12月19日　徳川方の二股城陥落。

12月22日　三方ヶ原で信玄軍２万５千と家康軍８千、信長援軍３千（佐久間信盛、平手汎秀《ひろひで》（戦死））が戦い、家康軍大敗。

信長は家康に援軍3千を送るが、「今、信玄と決戦することを避け、本営を浜松から岡崎へ移す」ことを勧めた。家康としては、浜松を捨てては遠江を支配する者としての立場がなくなると考え、決戦に踏み切ったとされる。信長の総兵力は、当時、信玄の数倍あり、地勢を十分承知の自領に誘い込み戦い、家康が背後を衝けば勝つと考えていたともされる。

家康は信長を離れ、信玄に着く選択肢もあり得た。信玄は三方ヶ原戦勝利後、浜松城を攻めず、素通りするが、家康の裏切りを期待していたのではないかとの見方もある。家康は信長に付くことを選択、信長を裏切らなかった。

1573（天正1）年2月　信玄は三河野田城（新城市）を落とし、東三河の鳳来寺で待ちの姿勢をとる。3月15日吉田攻め。

長篠で信玄の病状悪化、4月12日信濃伊那駒場で病没（53歳）。信玄軍は甲斐へ引き上げる。信玄の死により信長は、信玄との正面衝突戦を避けることが出来た。

２　京都足利幕府滅亡、朝倉、浅井滅亡——畿内に信長覇権

京都足利幕府滅亡

①　１５７３（天正１）年——京都足利幕府滅亡

１５７３（天正１）年　義昭は三好勢力と提携、信玄、謙信、毛利輝元による信長挟撃を働きかける。

２月　義昭挙兵、京、近江の同調者蜂起。

３月25日　信長岐阜進発。義昭の重臣細川藤孝、荒木村重が信長家臣に。

４月　天皇の仲介で義昭、信長和睦。義昭は直ぐに和睦を破る。

７月３日　信長は宇治川中洲の槙島《まきしま》城の義昭を攻撃。義昭降伏。

信長は秀吉に命じ、義昭を河内若江城へ送る。この時、信長が義昭の命をとらなかったのは世評を気にしたためとされる。義昭は、その後、紀伊国由良で反織田勢力糾合を図るがこれも実らず、天正４年備後国の鞆《とも》（毛利氏の許）へ逃れる。信長の元には義昭が人質として差し出した息子の義尋《ぎじん》（２歳）が残った。信長による義尋の擁立もあり得たが、信長はそれを選ばず、京都室町幕府はここに滅亡した。

② その後の義昭

京を離れた後も、義昭は征夷大将軍の地位にあった。備後国鞆の浦の義昭の許には50人以上の近臣等が居り、彼らの一族、家臣団も含めると相当数で、鞆幕府と言える存在を維持した。栄典や諸免許の授与を行い、諸大名からの献上もあり、毛利領内には幕府料所も設けられ、毛利輝元は副将軍に遇されたとされる。

義昭は、京を離れた以降も、一向一揆、毛利、上杉、武田等の有力戦国大名による信長包囲網画策を続けたが、天正8年の本願寺の信長への降伏以降、状況は厳しくなったとされる。

本能寺の変後、秀吉が義昭の猶子《ゆうし》となっての将軍職を望んだが、義昭はその縁組を拒絶する。義昭は天正15年上洛、秀吉から1万石を給与され、朝鮮出兵では名護屋まで秀吉に従っている。准三后《じゅんさんごう》の格式を与えられ、1597（慶長2）年8月、大阪で没（61歳）。

朝倉、浅井滅亡、信長の畿内支配成る

信長は村井貞勝を京都所司代とする。

1573（天正1）年8月　石成左通討死、三好長逸、政康は行方不明となり、三好三党壊滅。

信長は江北侵攻。浅井来援の朝倉軍を追撃、朝倉義景は一乗谷から大野郡に逃げるが、一族の朝倉景鏡《かげあきら》に裏切られ、8月20日自刃。一族は捕らえられ斬られ、一乗谷は灰燼に帰し、朝倉氏は滅亡した。守護代から成り上がり、応仁の乱で東西軍の勝敗の鍵を握り、戦国時代の雄として活躍した朝倉氏であったが、その末期は勝ち戦のない出陣が続き、厭戦気分が蔓延していたとされ、あっけない滅亡であった。

1年前に朝倉から寝返った前波吉継《まえばよしつぐ》が信長から守護代に任じられた。信長は、朝倉攻略で越前三国湊、若狭小浜、敦賀といった港町を抑え、琵琶湖を経由して伊勢湾とを結ぶ海運、交易の利を得ることとなった。

朝倉を滅ぼすと、信長は、直ちに、浅井攻撃。

8月27日　浅井久政が討たれ、28日長政自刃。小谷城落城。嫡男萬福丸は関ケ原で磔、市（27歳）と3人の娘（茶々5歳、初4歳、小督1歳）は信長の下へ。信長の同母弟信包《のぶかね》の居城伊勢上野城（三重県津市）で暮らすことになる。信長は浅野支配地を秀吉に与えた。

9月　近江の六角義治降伏。1570（元亀1）年に信長を狙撃した杉谷善住《ぜんじゅう》を捉え、生埋、竹鋸で首を斬る。

11月　三好義継を攻め、義継は家臣に殺される。ここに反信長の浅井、朝倉、六角、三好氏の主力滅亡、一向一揆を除き、信長の畿内支配が成った。

天正2年正月　信長は朝倉義景、浅井久政、長政の首に彩色、金粉を塗り（薄濃《はくだみ》）、岐阜城の賀正に供したと伝えられる。史記に先例があり、自分を窮地に追い詰めた敵に対する憎しみの強さを表したものとされる。朝倉、浅井は永年にわたり信長を苦しめた宿敵であり、とりわけ浅井長政は信長の妹の市の夫で、信長の信頼を裏切り、信長自身が窮地に陥ったこともあるだけに怨念一入《ひとしお》のものがあったとされる。

2月　信長、上杉謙信に好を通じる。

3月　信長、従3位、参議に任じられる。東大寺の名香（蘭奢待《らんじゃたい》）を乞い、一寸八分を得る。

4月　上洛、5月岐阜に帰る。

3　一向一揆、武田勝頼との戦

長島、越前一向一揆との戦

①　長島一揆

蓮如の子の蓮淳に始まる長島坊願正寺は教団の名門として川内御堂と呼ばれ、美濃・尾張・伊勢の信仰の中心であった。

1574（天正2）年7月　信長は、長島一向一揆の徹底的制圧を目指して大軍で長島総攻撃開始。

志摩の九鬼善隆、伊勢の滝川一益等の水軍が大軍船安宅《あたけ》船で海上封鎖、一揆は篠橋、大鳥居、屋長島、中江、長島の5ヵ所に立てこもる。

信長勢は、まず、篠橋、大鳥居を集中攻撃。一揆は降参するが許さず、暴風雨を利用して逃げる者2千人を斬殺。残る3ヵ所は封鎖されたため、7月末から餓死者が出る。8月には度々降伏を申し入れるが信長は許さない。

9月29日　長島に降伏を認めるが、船で退去する一揆勢を鉄砲で射殺。中江、屋長島に立てこもる男女2万人を焼殺する。長島願正寺の5世証認、顕忍兄弟戦死、長島一揆壊滅。

②　越前一向一揆

・天正2年1月　信長は朝倉を滅ぼし、前波《まえば》吉継（改名して桂田長俊）を越前支配役に置いたが、桂田と同じく信長に寝返った富田長繁が桂田と対立、富田は一向一揆と結んで桂田を討った。
これを機に、一向宗門徒が次々と蜂起、北ノ庄（福井市）の木下祐久《すけひさ》等の織田勢を追い出し、富田、朝倉を討ち、越前は一揆持ちの国となった。顕如は七里《しちり》（下間《しもつま》）頼周を守護代に任じ、越前を本願寺の分国とする。一揆に立ち上がった百姓、下人、道場坊主、大坊主達は一揆持ちの国となってこれからの考えもあったが、大阪本願寺の被支配者とされた。年貢、賦役を厳しく課され、単なる士卒、無権利に置かれることとなり反発、閏11月一揆内一揆が起こるが、中央と結ぶ大坊主に鎮圧された。

天正3年8月12日　越前一向一揆鎮圧のため、信長は3万の大軍で岐阜出発。佐久間信盛、柴田勝家、滝川一益、羽柴秀吉等従軍。信長の大攻勢に一揆勢は敗れ去る。

信長に寝返ろうと朝倉孫三郎が七里等の首を持参するが、許されずに斬られる。信長は一揆を徹底して掃討、3～4万人を殺害。

・9月　信長は制圧後は自分の直臣を配置する。越前国の8郡を柴田勝家（北ノ庄城）、大野郡の三分の二を金森長近、三分の一を原彦次郎、今立郡・南条郡を前田利家、佐々成正、不破光治に与え、越前国掟9条を定め、順守を命じる。

掟は、「何事においても信長の言う通りにせよ、信長に相談することが大切。恩威を並び施し、以て民心を服すべし。賦斂《ふれん》を厚うするなかれ、土民を侮るなかれ」など統治者の心構えを説き、柴田等はいわば信長の代官の立場にあるとしている。

・10月　信長権大納言、右近衛大将。信忠、秋田城介任官。信長の右近衛大将任官は自らが武士の頭領になった証と見られている。

信長は、公儀、上様、公方、将軍の名で呼ばれるようになり、御内書様式の印判状を作成、官位叙任、知行宛行《あてがい》などを行うようになる。木下秀吉を羽柴筑前守、明智光秀を惟任日向守など処遇。

戦国時代の終期を永禄11年の信長上洛、天正１年の室町幕府滅亡、天正３年の信長右大将任官と捉える見解もある。

長篠の戦――信長が勝頼に完勝、武田衰退へ

天正２年６月５日　武田勝頼が三河侵攻、徳川方の高天神城を攻略。

家康は信長に救援要請。信長、信忠は出兵するが、急がず、浜名湖で高天神城落城（小笠原氏内紛で武田に寝返る）を聞いて引き返す。信長は長島一揆を抱え、武田と戦いたくなかったものとされる。この事態を、勝頼は、信長が武田の強さを恐れ、戦を避けたと認識、この思いが長篠の敗戦にもつながったとも言われる。

天正３年５月　勝頼は１万５千の軍勢で長篠城奪還のため出陣。家康は信長に援軍を求め、５月13日信長は岐阜を発ち、三河長篠へ向かう。

長篠戦は午前６時に始まり午後２時には勝頼の壊滅的敗北で終わる。武田の騎馬軍団突

入に対し、信長軍は3千挺の鉄砲を千挺づつ3段構えにして連射、騎馬軍団は壊滅したと伝えられるが、今日では、3段構えのくだりは創話と見られている。

事実は、織田軍は勝頼軍より遥かに多勢の3万、かつ、防護壁、防護柵などの堅固な陣を構築、多くの鉄砲を装備していた。勝頼は一万五千と兵力が劣るうえ、戦場での織田軍陣営の情報収集を怠り、状況認識不十分のままに攻撃、大敗したとされる。

信長公記には武田勢の山形昌景、逍遥軒、小幡一党の波状攻撃を織田方は一人も前に出ず、足軽の鉄砲射撃で撃退。最後の馬場美濃守とは軍兵揃えて応戦、鉄砲で多数を討ち取り、武田勢は鳳来寺を指して退き、信長勢は追撃、多くの首を取ったと記述する。3千挺の鉄砲3段撃ちの記述はない。

なお、長篠戦への大量の鉄砲の投入は砲術に詳しい明智光秀の献策によるとされる。当時、信長は多数の鉄砲製造職人を抱え、かつ、堺を抑えていることで火薬製造に欠かせない硝石の輸入（国内での製造ができなかった）をほぼ独占しており、火力でも日本一の存在となっていた。

武田騎馬軍団攻撃の記述については、当時、そのような戦法はなく、将は下馬して指揮して戦った。また、当時の馬は小さく、騎馬軍団を構成するような馬ではなかったとの見解もある。

Ⅲ　信長天下布武の実現へ

１　安土築城、武田氏滅亡、毛利・上杉・四国征討へ

安土築城

１５７５（天正３）年1月　洛中、洛外の寺社本所領保護。
３月　諸門跡、諸公家衆のための徳政令。
６月　勅勘《ちょっかん》を受けていた近衛前久が信長の奏請で勅勘を解かれ、以降、信長と親密な関係となる。
11月　公家衆の所領宛行。
11月28日　嫡男信忠に家督を譲り、美濃、尾張を信忠に与える。
天正４年　信長、丹羽長秀に安土城普請を命じる。７層、７丈の天守閣建設を構想。琵琶湖湖面から１１０ｍの山頂に、石垣を築き、その上に6階、地下1階、外観5層の天守閣を構想。石垣を含めた高さは56ｍ。最上階の5階は八角形、金と朱塗り、部屋の天井、柱、座敷には中国皇帝のシンボルの竜、天人、三皇五帝、孔門10哲、７賢人などを描く。伊勢神宮の天才宮大工岡部又右エ門に築城、画は狩野永徳に命じる。

2月23日　居所を岐阜から安土に移す。安土は京都、大阪本願寺に遠すぎず、近すぎず、防衛面から適切な場所であり、越前敦賀、若狭からは陸上、琵琶湖水運の便があり、東海道、東山道、北国街道が通り、交通、流通の結節点で、信長は、ここに居城を築き、天下布武を考えたのであろう。

信長は、安土城の中に御所を造り、天皇を迎えることを考えていたとされる。また、城郭の中に総見寺を造り、盆山という石を置き、信長の誕生日の5月11日を聖日として人々に参詣することを命じたとされる。これは、信長を神格化するもので、信長は自らが天皇を超える存在になろうとしていたとも解されている。フロイスは、この行為によりイエズス会の信長評価は低落したとする。

天正5年11月　信長、従2位右大臣、天正6年1月正2位。4月、右大臣辞任、以降、官位に着かず。

天正7年5月11日　信長、安土城天守に移る。家臣は家族とも全員安土移住を強制。関所廃止、安土でも商人に移住促進、都市復興のため楽市楽座（信長が岐阜で実施。誰でも商売ができ、税もかからない）を行う。信長政権、安土幕府とも言うべき姿となった。

石山本願寺征服、上杉謙信との戦、西国毛利との戦、武田滅亡

①　1576（天正4）年――本願寺との戦

本願寺顕如が信長に叛旗。毛利、武田、上杉と結ぶ。信長は100騎で河内若江に駆け付け、総勢3千の兵で1万5千の本願寺勢に立ち向かい、自身負傷するも本願寺勢を撃退する。信長が先頭に立ち戦う激戦であった。本願寺包囲網が出来ると佐久間信盛に後を任せ、6月安土に帰る。

前年、毛利方の播磨の小寺政職《まさもと》、別所長治等が信長に出仕、山陰では尼子勝久・山中鹿之助挙兵を信長が支援、明智光秀が丹波侵攻と信長の中国方面への攻略が本格化、毛利は信長と対決を迫られる。

7月　8百艘の毛利水軍が大阪湾に現れ、3百艘の織田水軍の包囲網を破り、本願寺へ兵糧を運び込む。この海戦敗北で水軍の強化の必要を痛感した信長は九鬼、滝川に大船建造を命じる。

上杉謙信が加賀一向一揆と和睦、信長包囲網に加わる。

11月　信長は伊勢北畠具教（49歳）はじめ北畠一族を殺害、北畠家は9代（親房―顕能―顕泰―満雅―教具―政具―材親《きちか》―晴具―具教―具房）、240年余で滅亡。

② 1577（天正5）年――松永久秀滅亡、謙信の死、秀吉に中国攻略下命

2月2日　紀州雑賀の一部と根来寺《ねごろ》の杉の坊が信長方に寝返る。

3月半過ぎ　紀州雑賀の鈴木孫一、土橋平次等が信長に降伏。雑賀の鉄砲衆、海賊衆と連携した紀ノ川デルタは紀州一向宗の母胎であるが、年寄衆と末々の者達と対立が生じ、織田方に寝返る者が出る。

10月10日　松永久秀が大和志貴城で信忠の大軍に攻められて滅亡。久秀は、雑賀、大阪本願寺と信長を挟撃しようと企て、敗れた。久秀は三好長慶の家臣として名を現し、京都で勢力を持ち、三好義継と共に将軍義輝を殺害。永禄10年には三好三人衆と戦い、奈良東大寺に火をかけ、大仏殿を焼失させている。

信長が上洛すると信長に与し、一度叛き、許されるが、信長政権内に久秀の活躍の場はなく、再び反逆して滅亡。12歳と13歳の息子は京の六条河原で斬られた。久秀は有名な茶鐙（茶陶）平蛛《ひらぐも》を所有、信長が所望しても譲らなかったが、滅亡に際して、天守閣に火を放ち、茶鐙を抱いて焼死したと伝えられる。

9月　上杉謙信、能登七尾城攻略、加賀に進む。信長は、秀吉、滝川、丹羽、前田、佐々を柴田勝家の援軍に派遣。秀吉は勝家と衝突、戦線無断離脱。北陸には秀吉の権勢を伸ばす余地はなく、自らの兵力温存を図ったものともされる。謙信は手取川の戦で勝家に

大勝。

翌年３月　謙信は春日山城の厠で昏倒、没（49歳）。後継を巡り景勝、景虎による御館《みたち》の乱が２年続き、上杉は加賀、能登を失う。

10月　秀吉は信長から中国攻略を命ぜられる。秀吉の中国攻略は天正10年本能寺の変まで続く。

11月　秀吉、播磨上月城（兵庫県佐用郡）を攻め落とし、尼子勝久、山中鹿之助を入れる。

信長は「茶の湯」に傾倒する。信長にとって茶道は一つの文化創造であり、精神的に意味のあるものであった。「茶の湯」に、鷹狩り、相撲、安土城造営は信長の文化と言えよう。

③　１５７８（天正６）年――荒木村重謀反

信長は明智光秀に丹波、細川藤孝に丹後を侵攻させる。

２月　播磨三木城の別所長治、10月摂津の荒木村重、中川清秀が信長に叛き、本願寺、毛利と結ぶ。荒木等は尼崎門徒など摂津門徒の一向一揆の支持を受ける。荒木村重は信長が期待をかけていた武将で、茶は細川藤孝、高山右近等と並ぶ利休の弟子であり、信長も村重の謀反を聞いて本気に出来ない程のことであった。

村重は封鎖中の本願寺に密かに米を入れたとされ、それが漏れれば信長に許されないと思い謀反に踏み切ったとされる。信長の酷薄さ、厳しさについて行けなくなったことによる離反、信長政権下での自らの将来に不安を感じたためともされ、光秀謀反とも通じるものがあるとも言われる。

毛利が水軍6百艘で再び本願寺に兵糧を運び込もうとする。信長はかねて建造を命じていた大船（鉄板で装甲、大砲3門搭載）、九鬼嘉隆6艘、滝川一益1艘を堺に回送させて海上封鎖。11月6日毛利水軍を撃退、瀬戸内海を制圧する。紀州海浜から大阪湾、瀬戸内に広くつながる門徒一揆の連携を断ち切り、本願寺の死命を制することとなった。

④ 1579（天正7）年——徳川信康切腹

明智光秀の兵糧攻めで丹波八上《やかみ》城落城、城主波多野秀治磔。

秀治が降伏しなかったので、光秀は自分の母を秀治に人質として差し出し、秀治は開城して安土へ行ったが信長に磔刑に処せられたため、人質となっていた光秀の母は八上城で磔にされた。これが光秀の信長への恨みとなり、本能寺の変につながったとの見方もある。

信長は丹波を光秀に与え、亀山城が光秀の居城となった。光秀は征服地丹波の領民の治世に心を砕き、領民に慕われたと伝えられる。

5月27日　安土宗論。安土で浄土宗僧に日蓮宗僧が争論。信長は他宗を排撃、権力者の命に従おうとしない日蓮宗を屈服させようと両派の宗論を命じた。

浄土宗の玉念と日蓮宗の日光が宗論。「妙」の字の意を日蓮宗側が知らなかったとして袈裟をはぎ取られ、信長からその贅沢な暮らしぶりを叱責され、「浄土宗の弟子になるか、今後、他の宗派を非難しないという起請文を書くか」を迫られ、起請文を作成した。

荒木村重と共に信長に叛いた高槻《たかつき》城主キリスト教徒高山右近は「信長方に付かなければキリスト教断絶」の脅しで信長方へ、中川清秀も信長方へ復する（右近の父と清秀の父は兄弟）。

9月2日　荒木村重が有岡城を出ると、信長は有岡城の村重一門、家臣を殺害。村重はその後海路毛利へ逃げ、茶人として秀吉に仕え、天正14年没（52歳）。

村重達、本願寺は毛利の東上を期待、毛利もその意思はあった。しかし、信長は豊後の大友宗麟と通じて毛利を背後から脅かし、10月には備前の宇喜多直家が秀吉の調略で信長方に寝返り、丹波、丹後は明智光秀等に抑えられ、毛利は東上出来なかった。

9月15日　信長、家康の長男信康（21歳）に死を与える。信康に嫁した信長の娘徳姫が、信康は粗暴、家康の正室で信康の母の築山殿は家康の女性関係に嫉妬、２人が武田勝頼に通じていると信長に訴え、信長に会った家康の重臣酒井忠次がそれを肯定したことによるとされる。家康は武田勝頼と組んで信長に刃向かう選択もあり得たが、信長に従い、長男を死なせている。家康と信康の対立があり、家康主導の信康殺害であったとの見方もある。

11月　信長は誠仁《さねひと》親王（正親町天皇の東宮、天正14年没）の第5皇子を猶子とし、誠仁親王に二条の新邸を献上。

⑤　1580（天正8）年——本願寺屈服

1月　三木城の別所長治が秀吉の兵糧攻めに敗れ、切腹。三木城を支えたのは播磨一向一揆映賀《あが》門徒宗であった。三木城は中川清秀に与えられた。信長は秀吉に但馬を攻めさせる。

3月17日　本願寺は、惣赦免（全員の生命の保証）と大阪退場を朝廷から示され、これを受け入れる。信長は、法敵信長への屈服ではなく天皇の叡慮による講和、天皇の本願寺赦免要請ということで本願寺に終戦を納得させた。

顕如の子の教如と下間一族の年寄3人は講和に反対であったが、顕如が押し切り、誓詞、4月9日顕如は紀州雑賀に移った。信長は、顕如の権威を温存、予想される一揆内一揆を抑え込もうと考えた。教如は全国の門徒に決起を呼びかける檄文を発し、顕如は追いかけてその火消しの文を出している。顕如は教如と父子の縁を切り、腹違いの教如の弟の光如を継嗣とし、本願寺は分裂を孕むことになる。

７月13日　信長は大軍で来阪。教如は屈服、８月２日大阪を去る。教如が去った後、原因不明の火事で本願寺焼失。信長は本願寺建物入手を望んでいたが、不成功に終わった。その後、信長は丹羽長秀に大阪城築城を命じている。本拠を安土から大坂に移すことも考えていたともされる。

閏３月　柴田勝家は加賀侵攻、加賀一向一揆勢制圧。

本願寺屈服後直ぐに、信長は、大阪攻めの責任者の佐久間信盛、信栄《のぶしげ》父子を追放、２人は高野山に隠棲したが、そこも追われ流浪。信盛は信長の父信秀時代からの重臣であったが、本願寺包囲司令官として５年間、武力も用いず、外交戦も仕掛けず、何もしなかったという理由で追放された。信盛には本願寺とは戦いたくない、秀吉、光秀、一益など新参者がのさばり面白くないという気分はあったと推測されるが、信長の戦について行けなくなったともされる。

信長は、信盛に次いで、家老の林通勝、安藤守就《もりなり》父子、丹羽右近を追放する。信長は自分について行けぬ者を切ったと解されている。

天正８年８月　教如の大阪本願寺退去後、信長は筒井順慶に、大和・摂津・河内で一国一城を残し、全ての城を破却（城割《しろわり》）することを命じた。城割は天正8年から9年にかけて和泉、丹波、播磨、伊賀など畿内近国の信長の領国の大部分で断行され、併せて、検地を実施。

信長は配下大名武将の領国の土地人民を全て収公し、改めて、配下に民、土地、城郭を預ける、信長の命令一つで転封できる体制を目指した。配下の武将は信長から国替えを命じられると、旧領、居城全てを残し、妻子、一族、家臣団全て移動することとなり、旧来の領主支配体制、軍団土着は崩壊した。専制絶対君主制の出現である。この新たな集権支配体制は、天下統一を果たした豊臣政権、徳川政権へと継承されていった。

⑥ 1581（天正9）年——左義長《さぎちょう》、馬揃え

1月8日　信長は、安土城の馬場で左義長（どんど焼き）に爆竹用意、正装して臨むよう命じる。その後、馬場で派手な騎馬行事挙行。明智光秀が奉行。

2月28日　京都で天皇の観覧の下で馬揃え。信長配下の武将列席。乗馬での信長幕僚の華麗な行進披露（3月5日、8月1日にも挙行）。

信長は利家に能登・加賀を与える。細川藤孝が丹後平定、藤孝に丹後を与える。

2月　イエズス会のバリニャーニが洛中で信長と対面、信長に、明征服に軍勢を出すこ

と、英、蘭との断交を求め、信長はこれを拒否。イエズス会との断交、キリスト教を禁じたとの見解がある（安部龍太郎氏）。

３月25日　武田方で籠城して戦闘中の遠江の高天神城が兵糧不足で大半が餓死、討って出て敗れ、落城、徳川の手に落ちた。勝頼は救援出来ず、名を落とす。

４月　信長が竹生島《ちくぶ》参詣に出かけた留守に遊び怠けていた女房達を成敗（留守中も仕事に励むよう命じられていた）。

８月　明智光秀の妹で信長の気に入りであった奥向き高級女官の御妻木《おつまき》没。光秀は信長への有力なパイプを失う。

８月　織田信雄、筒井順慶が伊賀平定。信長は伊賀を信雄、信包《のぶかね》に与える。

荒木村重の残党を匿ったので召し出すべく高野山に命じた処、送った使者10人程を討ち殺したことで高野聖数百人を搦めとり処刑。

秀吉に毛利攻撃の加速を命じ、秀吉は、10月鳥取城（周辺住民が城へ逃げ込んだため食料不足に陥り餓死者続出、城の将３人の切腹で開城）を抜き、因幡を平定。

11月　勝頼が、信玄の養子となっていた信長の末子勝長を送り返す。

⑦ 1582（天正10）年——武田氏滅亡

正月　信長は、一人百文の見物料で人々に安土城を見物させる。

2月　木曾義昌が信長方に寝返る。前年から、武田の血筋であるが勝頼とは疎遠な義昌から甲斐討伐の意思表示があった。これを切っ掛けに、駿河口から家康（3万）、飛騨口から金森長近（3千）、伊奈口から信忠（5万）、3月5日信長出陣。前関白近衛前久《さきひさ》を同行させた。朝廷の命による征討の形を付けたとされる。

武田勝頼は新府城から諏訪に出陣するが、伊奈口に寝返り続出、3月2日には仁科盛信の守る高遠城落城、勝頼は2月28日に新府城に撤退。新府城から脱走者が続出、3月3日城を捨て、夫人と共に小山田信茂を頼るが、信茂に裏切られ、田野（山梨県大和村）で3月11日滅亡。

4月3日　恵林寺焼却、快川《かいせん》和尚を焼殺。快川は正親町天皇から国師号を授与された僧で、この件は朝廷の顰蹙をかったとされる。

家康は武田本流ながら勝頼に疎遠に扱われていた穴山梅雪を裏切らせて甲斐に侵攻。北条は駿河に侵攻。

信玄時代の一体感を失った武田のあっけない滅亡であった。勝頼は個人としては武辺者であったが、一族の統一、調和に失敗、滅亡した。

　３月14日　信長は、伊那浪合《なみあい》（長野県浪合町）で勝頼父子の首実見、３月29日諏訪で知行割を行う。穴山梅雪の本領を除いた甲斐と諏訪を河尻秀隆、駿河を家康、上野・小県《ちいさがた》・佐久50万石を滝川一益、信濃を森長可《ながよし》などに与え、甲斐国掟を発した。
　北条は得るものはなく、関東に滝川一益の勢力が入り、危機感を持つ。信長は安土への帰路、それまで同行した近衛前久を帰し、駿河に出て富士山を見、家康の歓待を受けつつ遠江、三河、尾張を経て帰国する。

２　武田滅亡後の天下の形勢と信長の展望

信長の展望

・１５８２（天正10）年４月21日　信長、安土凱旋。５月４日、勅使が安土下向。正親町天皇は、信長に、太政大臣、関白、将軍いずれかを選ぶようにとし、勅使勧修寺《かじゅうじ》晴豊は将軍になさるべきと述べた。この動きは信長の意向を踏まえたものともされるが、信長は即答はしなかった。
・信長の思惑は、まず、幕府を開き将軍となり、数年の後に将軍職を嫡子信忠に譲る。また、早々に、正親町《おおぎまち》天皇から誠仁《さきひと》皇太子への譲位を実現、誠仁の後に自分の猶子とした誠仁の五の宮を皇位につけ、天皇の父の立場を得る。これにより、信長は将軍、天皇の上にたつポジションを手に入れることを考えていたとする見方もある（安部龍太郎氏）。
・この時、信長は天下統一の実現を間近に控え、息子達若い一門、近習を中心にした政権内の世代交代、そして、専制、集権国家への編成を考えていたとされる。
柴田勝家、滝川一益は、既に、北陸、関東と中央からは遠くにあった。羽柴秀吉も中国在陣中であった。

信長は、将来、畿内は信忠、中国は秀勝、四国は信孝による織田一族の支配を考えており、今後、信長の支配体制の大幅な模様替えが予想された。

羽柴秀吉は、信長の4男秀勝を養子とし（実子がなく、その点で信長には好都合であった）、秀勝を長浜城主としてその経営を任せ、かつ、信長側近と良好な関係を築いており、今後、中国制圧後、秀吉、そして、後継の秀勝が中国で勢力を持つと予想された。

光秀は、近畿に領地を持ち、四国経略では長曾我部との取次役で、これまで政権中枢に在って大きな勢力を持っていたが、今後の構想では山陰に移されることが想定された。
・フロイスの「日本史」では、信長は日本全国の絶対君主となった後は、国内を3人の息子に任せ、自分は大艦隊を編成、明を武力で制圧、その地を部下の武将に分かち与えようとの考えであったとされる。

各地の情勢

①　北陸――柴田勝家

信長は越前に柴田勝家、加賀に佐久間盛政、能登に前田利家を配置、北越後の新発田《しばた》重家を内応させ、３月11日織田勢は上杉軍３千８百の立てこもる越中魚津城を包囲。

５月15日　上杉景勝は春日山城から出陣、織田勢と激戦。信濃から森長可《ながよし》、上野から滝川一益が越後に侵攻、春日山城に迫る。景勝は５月27日にこれを知り、魚津城救援を諦め春日山城へ引き上げ、魚津城は６月３日落城。更に、柴田軍は春日山城攻略を目指す状況にあった。

②　四国――長曾我部元親征討へ

信長は、織田信孝を大将に織田信澄（信長の弟信行の子）、丹羽長秀に四国征討を命じ、５月織田信孝等は大阪に集合。

四国は、足利義昭に味方した三好勢力掃討のため、明智光秀の取次で、土佐を統一した長曾我部元親と信長が天正３年に同盟を結び、長曾我部は天正９年までに阿波、讃岐、伊予に勢力を伸ばし、三好勢を追い詰めていた。元親の正室は土岐明智の庶流石谷《いしかい》氏で、光秀の重臣斎藤利三《としみつ》は彼女の義兄の関係にあった。

しかし、信長は、中国毛利征討に利するため伊予・讃岐が必要と考え、信長に服属した三好康長（信長に従属、河内半国守護の任にあった）の阿波（三好氏の元の領地）侵攻を支持、長曾我部元親に讃岐、伊予の放棄を命じた。元親は激怒、天正10年1月これを拒否、毛利に好を通じる。信長は、織田信孝を三好康長の養子とし、信孝を大将に元親討伐軍の四国渡海を命じた。渡海日は6月2日の予定であった。長曾我部元親と信長の同盟を取り次いだ光秀は、四国征討に反対で、信長に意見、打擲《ちょうちゃく》されたとされる。

四国制圧後、その経営は信孝に任され、四国への光秀の力が落ちることは明らかであった。長曾我部から三好康長への切り替えは秀吉の画策であったとの見方もある。

③　中国地方——羽柴秀吉

天正8年　本願寺降伏後、信長は秀吉の頭越しに毛利との停戦交渉を試みている。信長は、5月丹羽長秀・武井夕庵から、毛利輝元と小早川隆景が備前岡山宇喜多直家との戦に専念すること、吉川元春の息子と信長の息女との結婚並びに義昭を西国公方として承認することを条件に信長と毛利の停戦を提案させている。

秀吉は宇喜多直家を味方に引き込み、毛利と戦っている中でのことであり、信長は秀吉に全てを任せてはいなかったことになる。この工作に裏で動いたのは光秀ともされる。この動きは秀吉の伯耆鳥取城攻撃で、毛利と決裂、挫折した。

毛利との戦を優勢に進めた秀吉は、信長の中国出動を早めようと高松城（岡山市）の毛利方の将清水宗治を水攻めにして包囲、信長の来援を求めた。信長も自ら出陣し毛利を降し、さらに九州侵攻と意気込む。

当時、秀吉は毛利と講和交渉で、毛利の高松城開城、備中・備後・伯耆の３国を献じるという提案に対し５国割譲を主張、交渉を長引かせ、信長の出陣を待っていた。毛利方は信長親征、全面衝突の動きに困惑していた。

信長は近畿、東海、北陸、信濃、甲斐、上野を抑え、日本最大の勢力となり、越後の上杉、四国の長曾我部、中国の毛利征討にかかった処で本能寺の変が起こった。

Ⅳ 信長の挫折――本能寺の変

1 明智光秀

明智光秀の出自、前半生は明らかではない。没年の天正10年で55歳とされており、それから逆算して1528（享禄1）年の生まれとされるが、確実な史料はない。67歳没説、1540（天文9）年生まれ説もある。出身地が岐阜県であることは、ほぼ確かとされるが、父が誰か、土岐一族の出とされるが、それも確定されてはいない。母は斎藤利三の母と姉妹で若狭武田家（甲斐武田家の分家の出）とされる。

1556（弘治2）年　斎藤道三が義龍に討たれた後、道三派の美濃明智城は落城、光秀は越前に逃れ、流浪、母の縁で朝倉義景に仕官、光秀が朝倉を去ったのは讒言で朝倉義景から暇を出されたともされる。

将軍義輝の下士となり、義輝没後、細川藤孝の臣として義昭上洛につき信長との連絡役を務め、義昭上洛後は義昭直臣の幕府奉公衆となった。1569（永禄12）年2月、朝日山日乗、村井貞勝と共に信長の京都奉行として表舞台に登場する。義昭、信長の双方に仕えるが、信長家臣としての比叡山焼き討ちの功績で信長から近江志賀郡に知行を与えられた。知行持ちは信長家臣で最初であったとされる。

この地に坂本城を築城。１５７１（元亀２）年12月に築城開始、３年12月には完成。強引に人足を集め、比叡山を禿山としたとされる。坂本城は雄大な城で、フロイスも安土城に次ぐものとしている。光秀は比叡山大学の全収入も信長から与えられ、また、坂本は水陸運の要で織田家中での実力は屈指のものとなった。

元亀３年７月、義昭とは関係が切れるが、それまでも実質は信長の武将として働いている。光秀は医術の造詣があり、鉄砲術に詳しく、特に、大筒の妙術を持っていたとされる。

１５７５（天正３）年７月３日　日向守に任官、惟任《これとう》（九州の有力武士の苗字）の姓を授与され、以降、自らに服従した国衆に明智の名を与えている。

天正８年の時点で、光秀は近江志賀郡から上山城、更に、丹波を領有、丹後の細川藤孝、大和の筒井順慶などを与力大名とし、摂津衆も組下に置き、四国の長曾我部取次の地位にあり、信長家中最有力の重臣になっていた。また、信長の弟信行の子の信澄を娘婿としている。信澄は異風人とも一段の傑物とも評されている。

一方、秀吉は播磨、但馬、因幡３国を基盤に備前から備中攻略中で、戦略上三好氏の阿波、讃岐領有が望ましく、四国について長曾我部支持の光秀とは異なる立場にあった。

ルイス・フロイスの「日本史」には、「光秀は謀略に秀でた軍事戦略家で、才略、深謀、狡猾さにより信長の寵愛を受けた。信長は奇妙なほどに親しく光秀を用いた。殿内では余《よ》所者《そもの》で、殆ど全ての者から快く思われていなかった。」とある。光秀は信長側近の謀臣で、目的のためには手段を択ばぬ非情の人物であったともされる。

2　本能寺の変

武田攻略から安土へ戻った信長は、家康、穴山梅雪を安土に招き歓待。光秀に安土を訪れる家康饗応役を命じ、接待途中にこれを免じて中国出陣、秀吉助勢を命じた。信長による光秀の家康饗応役罷免は、光秀の家康を饗応する食事に腐ったものがあり、光秀が信長の叱責を受けたためとの俗説もある。それから半月程後に、光秀により信長は倒される本能寺の変が起きたのである。

信長公記の記述

信長は光秀に家康接待役を命じ、光秀は5月15～17日素晴らしい接待を行う。信長は秀吉から毛利、吉川、小早川全軍が秀吉軍の前にありとの報を聞いて、「天の与えた機会である。自ら出兵、これを討ち果たし、九州まで一気に平定」を考え、明智光秀、長岡与一郎、池田勝三郎、塩河吉太夫、高山右近、中川瀬兵衛等に先陣として出動するよう命じた。

５月17日　光秀は安土から坂本城へ帰城、その他の出陣命令を受けた武将も本国に帰って中国出陣の準備にかかった。

５月20日　信長は家康、梅雪等を招き、自身でお膳を据えるなど接待、食事後、安土城に招き、「かたびら」を下賜。

５月21日　家康上洛。信長は家康に、京、大阪、奈良、堺を見物するように述べ、長谷川竹（秀一）を案内者とし、信忠にも随行を命じる（信忠は途中で帰洛）。信長は５月29日、小姓衆20～30人を連れて上洛、６月１日茶会、夜は囲碁の名人本因坊算砂の囲碁観戦、就寝。

光秀は中国出陣を信長に命じられ、これに備えるため５月26日坂本を発って丹波亀山城に戻る。精神動揺の動きがあったともされる。京都の愛宕山に参詣、連歌会で「ときは今、雨が下知る、五月かな」を詠んだ。「土岐（光秀）が天下を取る」という謀反を予告したものとされる（詠んだ日、字句改竄との見解もある）。

６月１日　一門の明智左馬助、明智次右エ門、藤田伝五、斎藤利三等に信長討滅の決意を打ち明け、皆、光秀を諫めるが聞かず、やむをえず賛成する。出陣、兵には秀吉救援のため中国出陣とする。亀山城から大江山、老坂、桂川と進路をとり、京都直前で「吾が敵は本能寺にあり」と指示。6月2日未明に京都に入る。

卯の刻、信長は本能寺で就寝中に光秀軍に攻められ、「謀反か、襲撃者は誰か」と問うと、森蘭丸（乱丸）が「明智が者と見え申し候」と答え、信長は「是非に及ばず」と覚悟した。小人数であったが、小姓、側衆奮戦、信長も弓連射、槍で戦うが負傷、火中に自刃（49歳）。女中達は逃がし、側近全員討死。

3千の兵を率いて妙覚寺にあった信忠は父の許に向かうが果たせず、二条御所に入るが光秀軍に包囲され、誠仁《さねひと》親王を脱出させ、自らは逃げることも不可能ではなかったが、雑兵の手にかかるのは無念として自刃（26歳）。二条城は焼失。

前田玄以は信忠の遺命で信忠の居城岐阜に行き、信忠の子の三法師《さんぼうし》を抱き、清洲に避難。安土城では信長死すとの報に接し、城にあった蒲生賢秀《かたひで》は子の氏郷を付けて信長の夫人方や子供達を日野谷に移した。

家康の行動

家康、梅雪は堺遊覧が終り、信長に挨拶するため6月2日朝、堺を発って上洛途上にあった。茶屋四郎次郎（三河出身、家康の身近な商人、京都での家康の情報収集役）が使者として先発していた。

２日　上洛途中の家康に、茶屋が飯盛山《いいもりやま》（大阪府四条畷市）で信長父子の訃報を伝えた。家康は河内から山城を経て、近江、伊賀を越えて伊勢に出て、伊勢の長太《なご》か白子から船で三河大浜に帰着。帰国途中で雑兵２百余人戦死とされており、家康一行（主要メンバーは酒井忠次、石川数正、本多忠勝、榊原康政など34人）は相当数のものであったと推量される。家康は以前から伊賀者に目をかけており、この時もそれが役に立ったとの説もある。梅雪は、家康と途中で分れて帰国しようとしたが、途中一揆に出会い、殺害された。家康が今後の甲斐支配を考え、穴雪を殺害したとの見方もある。

３　光秀謀反の因についての諸説

天下統一を目前にした信長の急死、それも配下の有力武将明智光秀の謀反による死は、世の動きを変える大事件であった。光秀が、この時点で、何故、謀反を起こしたのかの真相を巡っては様々な見方があり、多くの人々が関心を寄せる処である。以下の諸説を紹介するが、果たして、いずれが真相なのであろうか。

怨恨説

光秀は文深、材芸があり、信長に仕え、坂下城主（坂本）となり、丹波を下賜されたが、数々の信長の仕打ちに対する怨恨があった。

信長が光秀家臣となった斎藤利三（稲葉一鉄の家臣であった）を殺せと命じたが逆らい殺さず、このため信長が怒り、刀を突きつけ、飲めぬ光秀に飲酒を強制、飲まぬと光秀を脇に挟んで手でその禿頭を鼓として打ったこと、信長が、森蘭丸（森乱丸）に光秀の所領の近江志賀郡を与えよと命令、光秀が拒んだこと、信長に家康饗応役を途中で替られたことなどが謀反の因であるとする（日本外史）。

光秀が丹波八上《やがみ》城攻略で母を人質に開城させ、城主波多野兄弟を信長の処へ連れて行ったが、信長は波多野兄弟を殺害、その為、母が城兵に殺害されたことへの怨恨。武田氏を滅ぼした後、諏訪の陣中で「骨を折った甲斐があった」と光秀が述べたのを信長が聞きとがめ、「お前が何の骨折りをしたか」と折檻された恨み。これらの怨恨も謀反の因とする。

しかし、いずれも後世の創話ではないかとされ、事実の有無も証明の限りではない。

信長への恐怖、将来への不安動機説と野心説

①　信長への恐怖、将来への不安動機説

・信長の家臣に対する絶対者としての酷薄さが権力の増大とともに激しくなり、絶対者に対する恐怖、自分の将来への不安が信長の家臣達に広く、深く累積していた。本能寺の変当時、光秀は55歳で、佐久間信盛、林通勝などの追放を見て、自らも同じ運命を辿ることを怖れ、信長の無防備での本能寺宿泊の機会を捉えて謀反殺害を企てたとする。

・光秀は四国の長曾我部対応の取次役であったが、信長は、毛利対応のため長曾我部元親から三好康長に乗り換え、元親は激怒し毛利と結んだ。さらに、信長は織田信孝に四国攻略を命じ、光秀は四国での立場を失った。信長の長曾我部討伐は光秀一族の浮沈に関わる重大事で、信長の四国出兵を阻止しようと本能寺の変を起こしたとする。

②　野心説

光秀には天下取りの野望があった。その点は秀吉も同様であろうが、光秀を取りまく状況が不利に傾きつつあり、秀吉に後れをとる可能性もあった。光秀は信長の近くにあったため、信長の無防備での本能寺滞在という千載一遇のチャンスをものにした。下克上の世であり、家臣が主君を倒すこともあり得る世の中であった。

変の直前に詠んだ「ときは今、雨が下知る、五月かな（土岐（光秀）が天下を取るの意）」がそれを物語るとする（「あめが下知る」は「あめが下なる」が本当で、天下取りとは無縁の詩との見解もある）。

黒幕説

① 朝廷黒幕説

・信長が天皇、朝廷を蔑ろにし、その権威を踏み躙ったことに朝廷は憤懣を抱き、信長打倒を画策した。

i　正親町天皇が信長を関白、太政大臣、将軍（三職）のいずれかにと推任したが、信長は応諾の返事をしなかった。

ii　信長が正親町天皇に譲位を迫った。

iii　信長が皇太子誠仁親王を安土に移そうとした。

などが信長の朝廷に対する横暴な行為として挙げられる。

・黒幕の主要人物は時の太政大臣近衛前久で、明智光秀を使って信長を倒し、朝廷と室町幕府の復権を謀った。前久の叔母は将軍義輝の母、妹は義輝夫人で、前久は義輝と同年、信長の2歳下であった。

前久は吉田兼見を光秀との連絡役とし、細川藤孝、筒井順慶等の室町幕府勢力を結集して事を起こし、義昭を京に呼び戻し将軍とする考えであった。秀吉にも密使を派遣、秀吉もこの企てに応じた。秀吉は事変の発生を事前に知っていたので、予め対応準備もしていた。しかし事変後、秀吉が迅速に対応、織田信孝と共に光秀を滅ぼしてしまった。この動きは前久の想定外のことで、前久の企みは挫折、前久は全てを光秀の責めとして、これを見捨てた（安部龍太郎氏）。

・信長が朝廷を蔑ろにしたという諸点については、三職推任については信長は即答しなかっただけである。正親町天皇の譲位を迫ったことについては、天皇は在任中に譲位して上皇になることが当時の皇位継承の望ましい在り方で、その費用は、時の将軍（この時代では信長）が負担する。従って、信長が正親町天皇に譲位を勧めたことが、信長が天皇を傀儡と見て、蔑ろにしていたとの根拠にはならない。誠仁親王を安土に移そうとしたことについては、その史料的根拠は乏しい。

以上のように、信長が朝廷を蔑ろにしたとの根拠は乏しいとの反論がある。但し、信長横死への公家衆の哀悼は少なかったことは事実である。

② 足利義昭黒幕説

元亀4年　室町幕府は滅亡したとされるが、足利義昭は依然として征夷大将軍の地位にあり、毛利氏支配下の鞆の浦（広島県福山市）に近臣と共にあって、各地の大名に幕府再興の指示を出し続けていた。光秀謀反は義昭の指示によるとする。

しかし、光秀は元亀3年には義昭との関係は終わっていることからそれは考えにくい。また、義昭が光秀と繋がっていれば、義昭を亡命させていた毛利に本能寺の変につき事前に情報が伝わった筈であり、毛利勢に何らかの動きがあって然るべきだが、そうした動きはなかったことから見ても義昭黒幕説は疑問とされる。

③ 秀吉黒幕説

光秀謀反を促すため、秀吉が信長に長曾我部元親との同盟戦略の破棄を進言、光秀を苦境に追い込み、謀反を唆した。秀吉は光秀謀反を事前に知っていたので中国大返しが可能であったとする。

④ イエズス会黒幕説

信長が自己神格化を図るなどイエズス会から離れる動きがあったので、光秀を唆して謀反させ、さらに秀吉に光秀を討たせたとする。しかし、この説も具体的な史料を欠き、推理の域をでない。

明智憲三郎氏の推理

・光秀は享年55歳（67歳説もある）とされ、信長よりは年上である。光秀の嫡男は当時13歳とされる。光秀は側近として、信長の今後の天下経営の方向を知っていた。明智一族の将来を考えると、これからの信長差配による遠国への領地替え（領地丹波で培った勢力と切り離される）、さらには明討伐、異国への移封などによる一族の弱体化を止めるためには信長の天下統一の歯車を何処かで止める、謀反を起こすしかないと思い詰めていた。

・光秀謀反の遂行を次のように推理する。

武田征討出発の前、光秀は信長に家康殺害を進言、信長も、家康排除、その領土没収は必要と考えていたので、信長、光秀２人で家康排除を実行に移した。

信長は、武田制圧の帰途、駿河、遠江、三河と家康領内を通り、富士山見物など遊覧を楽しみ、家康の歓待を受けて、尾張、美濃を通って安土に帰還したが、信長の見物の目的は、家康の領内を通り、領内の地勢、軍事情勢を視察することにあった。

安土に帰ると、信長は光秀に家康饗応役を命じ、饗応途中で秀吉からの中国救援要請があったとして、光秀他に中国出陣を命じ、毛利制圧目的で軍勢を整えさせる。その後、家康を堺見物に誘い、嫡男信忠まで同行させ家康の安心を得る。そして、堺から上洛する家康と会うため、信長自身20~30人の小姓衆のみで本能寺に宿泊、家康に害意ないことを示す。信長に家康を害する意図がないことを示したことで安心して上洛した家康主従を、6月2日、光秀軍が密かに包囲して討ち取る。大義名分は小勢の信長を見て家康が信長を討とうとしたからということとする（安土城で家康を討ち取れば、謀殺であることが明白となるので避ける）。そして、その直後に家康領内に家康を討った光秀軍に侵攻させ、主と重臣を失った徳川領を手に入れるという筋書きであった。

6月1日　本能寺信長宿泊までは筋書き通りに進んだ。

・光秀自身の筋書きは、家康殺害の最後の段階を信長殺害に切り替えるものであった。光秀は計画を安土で家康に伝え（安土では光秀は家康の饗応役であり、家康に接する機会は十分にあった）、家康は素知らぬ顔で信長の接遇を過ごし、上洛途中の本能寺の変直後に伊賀から領国へ逃れた。

光秀は、6月2日未明、家康上洛前に信長を討ち取り、さらに信忠も討ち取った。光秀軍は「本能寺へ」と告げられるまでは、軍内には信長の命で家康を討つための出陣ではないかとの噂もあったと伝えられる。

家康討ち取り計画は信頼する光秀の立案であり、信長が光秀を疑わなかったことで信長殺害の本能寺の変は成功した。

・本能寺が襲われた時、「襲撃者は誰だ」との信長の問に森乱丸が「明智が者と見え申し候」と答え、信長は「是非に及ばず――確認無用の意」と言ったこと（信長公記）、「城之介（信忠）の別心か（前日、信忠が勝手に家康を離れ、上洛したので、信長は叱責している）」と言ったこと（大久保彦左衛門の伝聞）、「余は余自ら死を招いた」とも言ったと伝えられること（日本王国記でのスペイン商人アビラ・ヒロンの言）は事態に符合すると見る。

なお、信長はキリスト教宣教師が連れていた黒人に興味を持ち、これを譲り受けて自らの小姓に取り立て、弥助と名付け近侍させた。弥助は体躯雄大で頭もよく、信長の気に入りで、本能寺の変の際も信長の身近にあったが、信長は自刃前に弥助に信忠への連絡を申し付け、弥助は本能寺を出て信忠の許に向かい、変後も生き延び、本能寺の変時の寺内の模様を伝え、それが後世に伝承されているとする。

・信長政権を倒すためには、信長、信忠殺害、東国織田軍壊滅、安土城を得て畿内織田軍掌握、徳川軍が敵対しないことなどの条件が揃うことが必要であったが、光秀は信長を討ち、期せずして京都にあった信忠も討ち、安土城を手に入れ、信長急逝で東国織田勢は総崩れとなり、家康は甲斐・信濃攻略に向かい、目論見の出発点は上出来に通過した。しかし、その後の展開は光秀の思惑と異なる方向に進み、滅亡した。

・この推察は魅力があるが、問題は、信長にとって、この時点で、家康殺害の必然性があったかであろう。また、この説を裏づける史料、確証はなく、推理による。しかし、よくできた推理と思う。

藤田達生氏の見解

① 謀反の理由

信長の今後の政権運営は、畿内は信忠を中心に側近近習が支配、四国は三好家に婿入りした信孝が支配、中国は秀吉と秀勝が支配、光秀は畿内から遠国へ国替えの可能性が高く、政権中枢からの左遷、自らの勢力が解体の危機を感じていた。こうした事情から、光秀は謀反、信長殺害に踏み切った。その際、毛利、長曾我部も推す旧主足利義昭を将軍に復帰させることを目指した。

② 6月2日決起の意味

長曾我部制圧のための信孝軍の出陣は6月2日とされており、長曾我部を救うためにその出陣を止める必要があった。本能寺の変勃発で信孝軍は混乱、出陣出来ず、その目的は達せられた。

更に、５月４日の朝廷の信長将軍推任につき、これを受諾する儀式が６月２日に行われる可能性があり、義昭推戴のためには、これを阻止する必要があったとする。

考察

・光秀は55歳（67歳説もある）、当時としては老将に属する。佐久間や林などの先例を考え、また、信長の今後の政権運営を考えると自分の将来に不安があったことは想像に難くない。四国の長曾我部の取次を奪われ、四国制圧の責任者に指名されず、秀吉の中国征討の輔役に回されており、不安は現実化しつつあった。信長が無防備で本能寺の泊まるという襲撃に千載一遇の機会が訪れたことで、信長を倒し、自分の将来への道を拓こうと考えたのであろう。

・信長配下の武将は夫々に敵と正対しており、家康は堺にあって、変事を起こしても直ぐには対応できない状況にあり、光秀謀反の必要条件は充たされていた。

信長への怨恨もあったであろうが、恩恵も受けており、怨恨が最大の動機ではあるまい。朝廷や足利義昭が黒幕であれば、光秀はそれを活用した具体的行動を直ちに取る筈だが、そうした動きはなく、黒幕が居たとも考え難い。

光秀には信長と異なり、自らの政権構想が見えないと言われるが、光秀は、信長を倒し、自己の勢力保全を目指したのであって、その後のことは、本能寺の変の時点では詰めて考えてはいなかったであろうし、その余裕もなかったであろう。徳川、北条、上杉、毛利、長曾我部などとの割拠で可と考えていたのではあるまいか。

光秀の致命傷は、秀吉の卓越した情報収集力と行動力、信長後の政権を狙う秀吉の野望に対し、打つ手が遅れたことであろう。

V　信長の評価

信長は全国制覇真近にして本能寺に倒れたが、その生涯の行動は、当時の一般常識を超えるものであった。古今の信長の人物評価を記す。

1　頼山陽、榊山潤、新井白石、フロイスの評価

日本外史頼山陽の評価

信長の人物につき次のように評している。

「信長、尾張より起こり、常に四方を平定するを以て志となす。虚美を喜ばず。」

「吾れ何ぞ室町の故号（征夷大将軍）を襲ぐをなさん。然れども将士功あれば、すなわち急にこれを賞し、公廉を奨用し、政に偏私なし。」

「性亦た猜忍《さいにん》、諸将の旧悪を追咎《ついきゅう》す。」

「右府、独り全局を以てその勝を制す。これを超世の才と謂わざるべけんや。」

「将帥を待ち、臣民を御するに、猜忍刻励の病なきこと能わず。中道にして禍に遭ひし所

以なり。」

「豊臣氏が四方を経営するの略に至っては、一つとして右府を師とせざるものなし。徳川氏の興るも、亦たこれに因らざる能わず。大業を佐《たす》け成し、四方に藩屏《はんぺい》たる者、概ね右府の置く所に係る。則ちこれを右府の業と謂うも、亦た何ぞ不可ならん。嗚呼、その労何ぞ没すべけんや。」

信長公記訳者榊山潤氏の評価

信長公記の現代文への訳者の榊山氏の信長評は次の如くである。

信長の時代は中世的支配の一掃と近世的支配体制の整備が連続的に進められた。信長は真の意味での近世の創始者と言えよう。

もし、彼が生き永らえたとするならば、対内的には朝廷、公家勢力との衝突、対外的にはキリシタン禁圧と大陸侵攻が避けられなかったのではないだろうか。

桶狭間戦を除き、冒険を繰り返すことはせず、戦う時は常に万全の準備を整えて敵を圧倒する正攻法に徹し、戦況が不利になれば、外聞にこだわらず退き、不必要な消耗を避けて再起を期している。

尾張地方の将兵は精鋭とは言えない。信長はその弱点を十分に心得たうえで、動員兵力と鉄砲を中心とする装備とシステムの力で敵を圧倒した。

信長の近代性は、その支配地の行政、経済政策においても傑出していた。経済力でも全国統一を目指していたから、物、人、金の全国的流通を進めていった。

行政面で注目されるのは検地の実施と大名に対する朱印状の発行で、中世的な守護支配や荘園制度の一掃を図ったものである。

学問、思想の面でも古い価値観にとらわれぬ自由な発想と理解力の持ち主であった。

信長の合理主義と革新性、周到な計画性と果断な行動力は我が国の歴史的発展に大きな役割を果たした。

家臣達に対する絶対者としての酷薄さは、その権力の増大と共に甚だしくなっていく。抗することのできない絶対者に対する恐怖と怨恨は、信長の支配が強化されればされる程、人々の心の中に、より広く、より深く累積されていったに違いない。

本能寺の変は身辺の警護を疎かにした一瞬の油断であった。

読史余論新井白石の評価

生まれつき残忍な性格で、詐術の力で志を遂げた。最後がよろしくなかったのも自業自得である。

信長が天下に威名を保ったのは義昭を担いだことによる。その志を遂げてからは義昭を廃そうと思ったことは明瞭なようである。その底意に気付いた義昭もその怒りに耐えられず挙兵した。これは、天皇を差し挟んで天下に号令しようという意図が、すでに明らかになったことを示すものではないか。

信長は弟を殺し、妹の嫁ぎ先の浅井を滅ぼし、娘徳姫の夫信康を殺すなど父子兄弟の倫理は絶えた人だ。義昭追放、林通勝など流罪は年来の功績あった者を旧い怨みを蘇らせた処分だ。光秀の反逆も信長のこうした行為が原因で、信長が君臣の義を知らぬことを示している。

信長の子孫が絶えていないのは、大名と呼ばれる程の人で信長のもとで身を起こさなかった者はなく、信長の後継が秀吉、そしてわが神祖（家康）が天下を収めたからである。「信長と秀吉は人を識る鏡（人を見抜く力）があった」というようだが、信長が見抜いて用いた人々も、皆、真の人材ではなかった。

ルイス・フロイスの評価

信長は、極度に戦を好み、名誉心に富み、正義に厳格、自分に加えられた侮辱には懲罰せずにおかなかったが、幾つかのことでは人情味と慈愛を示した。非常に性急で、激高するが、平素はそうでもなかった。

神、仏への礼拝、占いや迷信的習慣を軽蔑、霊魂不滅や来世の賞罰などないとみなした。対談の際の遅延、だらだらした前置きを嫌った。

睡眠時間は短く早朝に起床、酒は飲まず、食を節し、人の扱いは率直、自らの見解には尊大、自宅は清潔。殆ど家臣の忠言に従わず、一同から極めて畏敬されていた。

家臣だけでなく自分も厳しく律し、軍事力を強化し、何事も合理的に判断し、大胆かつ忍耐強く行動するたくましい人物であった。

２　考察

以上、４つの信長評価を挙げたが、信長の評価の要素は尽くされていると思うが、若干の所感を述べる。

信長の評価

戦国の世の領主は領土を守るため、生き残るためには如何なることでもやっている。親子兄弟、親族でも利害相反すれば敵であり、滅ぼすこともあった。信長も同様で、この点、新井白石の評価は、徳川安定政権下での道徳基準で信長を見ている。

信長は戦略家であり、また、戦を経済、行政も含めて考えられる人物で、大胆に見えるが情勢判断は的確であり、出処進退は素早かった。比叡山焼討ち、長島、越前一向一揆の殲滅は、信長の残酷さの例として挙げられるが、徹底して信長への抵抗戦を繰り返す者であり、天下統一のためには滅すしかなく、同じような者への見せしめという意もあったと言えよう。配下の武将についても能力と信長への忠誠度により評価、これに外れる者は切り捨てられた。

多くの者の怨恨も買ったことは想像に難くない。

本能寺の変

信長を倒した光秀、光秀を倒した秀吉はいずれも信長にその能力を買われ、信長政権の最有力の武将になった。信長配下の武将の中では、光秀は新参者、秀吉は出自の低さにも拘わらず、信長の評価を得て異例の出世を遂げたことで、両名には仲間内からは冷たい目が多かったであろう。

光秀、秀吉共に、信長の近い将来の全国制覇政権における自分の将来に不安を抱いていたことは想像に難くない。機会があれば、信長の桎梏《しっこく》から逃れたいとの願望は抱いていたと思う。そして、絶対君主信長を倒す又とない機会が信長の無防備での本能寺滞在であった。光秀は信長の近くにありこの機会をものにした。本能寺での無防備な信長滞在は、全国制覇が順調に展開している中での信長の一瞬の油断であったのか、或いは明智氏の推理が当たっているのか、興味深い処である。

光秀には織田勢の中で人望が無かった。そこに、主の信長を討ったという謀反の汚点が加わったこともあり、信長の仇討を掲げた秀吉との戦にあっけなく敗れ、滅亡した。

本能寺襲撃のチャンスに恵まれるのが秀吉であれば、信長を討つのが秀吉であっても不思議はない。その場合、秀吉が天下人になるには多大な困難が生じたであろうことは想像に難くない。

信長政権が続けばどうなったであろうか

信長が横死せず、長生きすれば、早期の全国制覇、次いで、大陸侵攻が行われたであろう。信長の世界への知識は秀吉より深く、大陸侵攻も秀吉とは違ったものとなったであろう。

信長が完成する統治体制については、信長は天皇の存在は認めていたが、自らの統治に天皇を関与させる意志は無かったであろう。信長絶対君主の下に、各地に信長の代官として配下の武将を配置、信長の方針の下に支配する、統制の効いた徳川幕藩体制的なものであったと思われる。

しかし、信長のような器量は信忠以下の息子にあったとは思えず、信長亡き後は、時期の差はあっても、器量を持つ秀吉や家康、とりわけ家康に政権は簒奪されたのではあるまいか。

創始者の家が支配を持続出来る統治システムを造ったのは徳川家康である。家康が長命であったことで、次、次々世代の支配体制にまで目配り出来たこと、そして、産み出された支配体制は信長・秀吉政権の実態を具《つぶさ》に実見したことによる経験からの知識と知恵に基づくものであった。

織田家系図

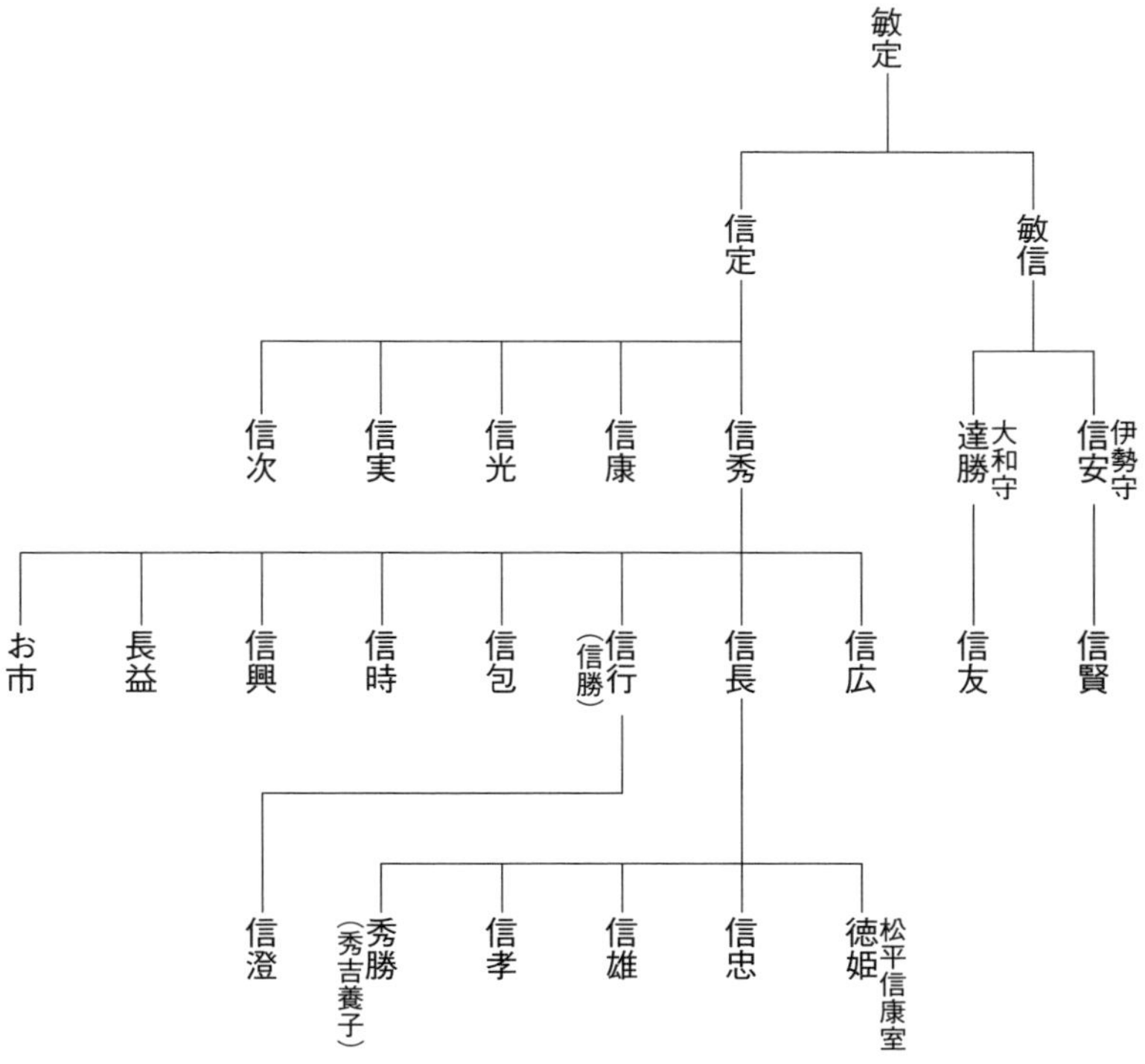
敏定
信定
敏信
信次
信実
信光
信康
信秀
達勝 大和守
信安 伊勢守
お市
長益
信興
信時
信包
信行（信勝）
信長
信広
信友
信賢
信澄
秀勝（秀吉養子）
信孝
信雄
信忠
徳姫 松平信康室

第3章

豊臣秀吉の天下統一と朝鮮戦役

名護屋城跡（佐賀県鎮西町）

Ⅰ　信長時代の秀吉

1　秀吉の出自

秀吉は、1537（天文6）年2月6日（天文5年1月1日、6月15日説あり）尾張中村の弥助（弥右衛門）と「なか（後の大政所）」の子として生まれた。幼名は日吉丸。日吉丸の同母姉が「とも」。「とも」と三好吉房の子が秀次、小吉《こきち》秀勝で、いずれも秀吉の養子となっている。

父の弥助は自小作農の下層農民で、天文12年日吉丸7歳の頃病没。母は、織田信秀の同朋衆であったが、疾で帰耕した筑阿弥と再婚、1男（秀長、天文9年生まれ）1女（後の旭姫　天文12年生まれ）を生む。弥助の没年と「なか」と築阿弥との1男1女の生年が整合しておらず、この間の伝承には疑問がある。

秀吉の出生については清洲御器所《ごきそ》説（非農民）もある。秀吉の父の系に繋がる人物は、秀吉の家臣の中に存在しない。

日吉丸は継父と上手くいかず、貧しさもあって近くの光明寺に入れられるが、寺を追われ、職を転々とし、木綿針の行商で遠江に行き、今川義元家臣の松下加兵衛之綱《ゆきつな》に仕える。

その途中で、矢作橋《やはぎ》の上で蜂須賀小六に出会ったとされる（当時、橋は存在せず創話とされる）。

松下之綱に仕えたが、同僚にいびられ出奔。出奔するにあたり、之綱は路銀を日吉丸に与えたとも、之綱が日吉丸に尾張の胴丸を買ってくるよう命じ、渡した6両を持ったまま日吉丸は逐電したとも言われる（後年1590（天正18）年、秀吉は之綱の恩義に報いるため、之綱の息子に1万6千石を与えている）。

天正13年頃から秀吉は自分は皇胤だ、母は萩中納言の娘で禁中に仕え、孕んだと吹聴している。また、秀吉が関白となった以降の外交文書には、母「なか」は日輪が懐に入る夢を見て孕んだと記されてもいる。いずれも事実とは考えられない。

2　信長に仕える

1554（天文23）年　18歳で友人一若の紹介で信長の奴（小者）になる。

1559（永禄2）年　清洲城の崩れた城壁工事がなかなか進まなかったのを引き受け、分業体制により短時日で修築、信長に認められ、吏となる。

永禄4年8月3日　「おね」（ねね）と結婚。「おね」の父母は杉原助左衛門と朝日。父助左衛門は木下家利の婿養子で木下を名乗った。母朝日は苗字を持たない秀吉と「おね」の結婚に反対。このため「おね」は秀吉に嫁ぐ前に浅野又右エ門長勝（信長の弓衆、長勝の妻は朝日の妹）の養女となって秀吉に嫁いでいる（「おね」の兄が木下家定、家定の子が後の小早川秀秋）。秀吉は妻の実家の姓を名乗り木下藤吉郎となった。

なお、「おね」は結婚早々に懐妊したが、生活が苦しく「子おろし」したともされる。

永禄6年　清洲城の薪炭消費を7割節約の功績。

永禄7年　美濃斎藤竜興家臣の坪内利定、大沢基康調略。

永禄9年　美濃攻略のため墨俣一夜城構築。

藤吉郎が信長に仕え始めた頃の事績は、「おね」との結婚を除き、事実か否か不明のものが多い。

3　信長の武将となる

1568（永禄11）年　信長上洛により京都奉行の1人に任命される。

1570（元亀1）年　信長が越前朝倉侵攻、突然の浅井長政の謀反で信長敗走。その際に殿《しんがり》を務める。

1573（天正1）年　浅井攻めで近江在陣中、丹羽長秀と柴田勝家の苗字を1字づつを貰って羽柴の姓を名乗る。

8月　朝倉、浅井滅亡。秀吉は浅井攻めの功績で、浅井旧領を信長から与えられる（12万石）。知行持ちは信長家臣では光秀に次いで2番目。

天正2年　長浜に新城を築城。以降、天正10年に信長が没するまで長浜を居城とする。

天正3年　筑前守に叙せられる。桐を号、金瓢を馬表《ばひょう》とし、1勝ごとに1瓢を加え、千を目標とし千瓢《せんなりひょうたん》と称した。

天正5年9月　信長の命で加賀攻め（上杉との戦）に加わるが、柴田勝家と衝突、戦線離脱。

天正6年　信長4男の於次丸《おつぎまる》（11歳）を養子に貰い、於次秀勝と呼んだ。実子のない「おね」が信長に懇願したともされる。於次は「おね」に養育されたが天正13年に18歳で没。天正14年　秀吉の姉「とも」の子を養子とし秀勝とするが、朝鮮戦役で没（24歳）。

秀吉には長浜城主の頃の天正2年生まれの石松丸という実子があったが、天正4年没と言われる。

4 中国経略

1577（天正5）年10月　信長から中国経略を命じられる。播磨御着《ごちゃく》城主小寺政職《まさもと》（政元）の重臣で早くから信長支持を表明していた小寺孝高《よしたか》（黒田官兵衛）は姫路城を秀吉に譲る。

天正6年　姫路に築城、中国経略の根城とする。

西播磨平定。上月城を宇喜多直家と攻防の末、獲得し、尼子勝久、山中鹿之助を入れるが、三木城の別所長治が叛旗、上月城は見捨てられ落城。

同年10月　荒木村重が信長に謀反。説得に赴いた黒田官兵衛が捕まり幽閉され、翌年9月村重が伊丹城から出たことにより救出される。この頃、秀吉の知恵袋竹中半兵衛死去。

天正8年　別所長治切腹、三木城落城、城兵は助命。

天正9年　鳥取城攻略。秀吉は米を前広に買い占めて城を兵糧攻め、10月25日吉川経家切腹、落城、城兵は助命。

天正10年6月　秀吉が高松城の清水宗治を水攻、毛利全軍と対峙。信長の出陣要請している中で本能寺の変が起こり、信長横死。

Ⅱ　秀吉の天下統一

１　本能寺の変と山崎合戦

本能寺の変後の明智光秀

本能寺の変が起きた時、秀吉は備中高松城で毛利勢と対峙中、柴田勝家は越中で上杉景勝勢と対戦中、徳川家康は堺見物中、滝川一益は関東にあった。織田信孝・丹羽長秀は四国征討のため大阪に兵を集結していたが、光秀謀反、信長死去で軍団崩壊。いずれも光秀討伐のため直ちに動ける状況にはなかった。また、信長死去という想定外の事態に配下武将達の心理は暫くは空白状態となったとも推測される。

光秀は、本能寺の変の後、まず、安土制覇に赴くが、近江国勢多《せた》城の山岡隆景・景友兄弟に勢多の唐橋を焼き落され、安土城制圧が３日遅れ、初動に躓いた。織田の諸将に綸旨により信長を討ったと書状を出したとされる。

光秀は、身近の細川藤孝（光秀の娘の嫁ぎ先）、筒井順慶を招くが、二人とも直ちには光秀に与しない。藤孝が同調しなかったのは、足利義昭に仕えていた頃は自分の方が上であったという意識があったため、或いは秀吉の手が回っていたためとも言われる。

6月7日　天皇は安土に勅使吉田兼見を派遣、6月9日光秀が上洛。公家総出で光秀を迎える。光秀は直ぐに、安土に戻る。

吉田兼見によれば、朝廷は光秀の政権樹立を認めようとしていたとする。「家康はじめ内密にではあったが明智側に加わっていた」とフロイスは記している。周辺の人々の認識は光秀政権を容認する状況であったとされ、秀吉の動きが遅ければ光秀の同盟者は増していたと思われる。

秀吉の動き――山崎合戦へ

①　秀吉の中国大返し

秀吉は6月3日に本能寺の変を知ったとされる。光秀から毛利への使者を捉えて情報を得たとも、信長奉行衆の長谷川宗仁《そうにん》が京から出した飛脚で知ったともされる。信長の死を聞いて、秀吉は茫然としたが、黒田官兵衛が「殿の天下になる。直ぐに毛利と講和し、引き返すべき」の言で正気を取り戻したとも伝えられる。

秀吉は信長の死を秘して毛利との和平交渉を急ぎ、高松城主清水宗治切腹、高松城開城、備中、美作、伯耆の毛利からの割譲で合意、毛利と和睦する。交渉は前から続けており、秀吉は5国割譲を要求していたが、毛利提案の3国割譲に譲歩したことで交渉は纏まった。

秀吉は6月6日に2万の兵を率いて高松を発ち、6月8日に姫路着（当時の秀吉の本拠地）。100㎞の路を風雨をついて常識外の速さで大軍が駆け戻り、後年「中国大返し」と呼ばれた。武将は馬で、兵は武具を捨て裸で駆け、武具はまとめて船で運んだともされる。

毛利は秀吉を追撃できたが、追撃しなかった。毛利は信長側と戦いたくなく、信長の死を知ってもその考えは変わらなかったとする見方、秀吉と戦っても喜ぶのは光秀であり、秀吉の将来を買って、毛利は秀吉に恩を売った方が利があると考えたとする見方がある。

②　山崎合戦に至るまでの状況について

・信長が専制絶対権力確立に向けて動いていることは、秀吉も光秀と同様承知しており、秀吉もまた信長政権における自らの将来に不安を抱いていたことは想像に難くない。秀吉が、信長の死を自らが躍進するための絶好の好機と捉えたことは確かであろう。

毛利との迅速な和睦について、日本外史は、秀吉は信長の死を毛利に告げ、和戦を問うた。毛利測は戦闘論もあったが、小早川隆景が和睦を主張、和睦となったとする。

毛利方の安国寺恵瓊《えけい》は1570年頃から毛利の外交担当僧で、秀吉は毛利との取次役となっており、両者はかねてから面識があった。恵瓊と秀吉は通謀し、いつでも和睦できる状態を作り、膠着状態として戦の終結のタイミングを計っていた。信長横死を双方が知り、6月4日恵瓊が独断で清水宗治を説得、切腹させたとする見方もある（恵瓊は天正11年には秀吉の直臣になっている）。

・惟任退治記には6月3日夜半、信長横死の情報が秀吉に齎され、6月4日毛利と和睦、6月6日には姫路着と記されるが、この秀吉の中国大返し（凡そ100km）の現実性につき、以下のような検証がある。6月4日午前高松城主清水宗治切腹、毛利と和睦、同日中に野殿《のどの》（岡山市北区）まで後退（8km）。6月5日沼城（岡山市東区）に進む（14km）。同日夜沼城発、6月6日中に姫路着（81km）。

6日に着いたのは秀吉側近の騎馬軍勢で、残りの軍勢は、その後に、姫路に次々と到着した。軍勢が揃うのを待つため6月9日まで秀吉は姫路に留まり、その間、情報収集、調略、偽情報流しなどに費やした（渡辺大門氏）。

・本能寺の変後、信長の死体は見つからなかったことから信長生存の情報など様々な情報戦が行われたことは容易に推察できる。

織田信澄（信長の弟の信行の子、妻が光秀の娘）は織田信孝の四国征討軍の武将として大阪にあったが、光秀謀反に与するとの噂が流れ、6月5日織田信孝に殺された。

③　山崎合戦の秀吉勝利

・6月9日　秀吉、姫路発、10日秀吉軍兵庫着（神戸市兵庫区）、11日尼崎着（兵庫県尼崎市）、12日富田着（大阪府高槻市）、織田信孝、丹羽長秀（織田家宿老）と合流。中川清秀、池田恒興（信長の乳兄弟《ちきょうだい》、伊丹城主）参陣。

6月2日には、信孝は四国征討のため1万4千の兵を率いて丹羽長秀等と大阪にいたが、本能寺の変後、将兵が離れ軍勢が減り、単独では光秀と戦えない状況にあった。秀吉参陣を織田信孝は大いに喜び、作戦会議を行い、高山友祥《ともなが》先鋒、中川清秀、池田信輝、丹羽長秀各々数千がこれに次ぎ、信孝4千、秀吉2万が続く陣形とする。

・兵力は、信孝・秀吉側は4万、光秀側は1万6千。合戦の場となった山崎の地は沼地が多くて狭く、劣勢の光秀が戦うには有利な地であるが、光秀はあえて本陣を京都寄りの山崎の手前に、長大な堀と土塁で構築、得意の銃撃戦で秀吉軍に大打撃を与えようと目論んだ。秀吉は決戦は6月14日との情報を流し、降雨の13日夕刻に敵の虚をつき、かつ、雨で射撃不能の状況で戦いに持ち込んだ。

6月13日夕刻　山崎合戦。秀吉側は沼地を突破し光秀軍を攻撃、光秀側は総崩れとなり2時間で大勢は決した。敗れた光秀は勝竜寺城（細川幽斎の城、本能寺の変後に光秀が奪ったもの）に逃れ、夜陰に紛れて脱出したが、小栗栖《おぐるす》（京都市伏見区）の藪で野伏《のぶせ》りの残党狩りに会い、負傷、自刃。斎藤利三は近江堅田《かたた》で捕らえられ殺された。

光秀の辞世は「順逆無二門、大道徹心源、五十五年夢、覚来帰一元」。

山崎合戦で、天王山を両軍のいずれが取るかで勝敗が決まるとされた天王山攻防、筒井順慶が洞ヶ峠で万の兵が有りながら様子見で動かなかったなどが語り残されているが、史実かは疑問とされる。

秀吉側の勝利は、秀吉の反撃が予想を遥かに超える程に迅速、かつ、大軍であったこと、信長の子息の信孝が秀吉側だったことで信長の弔い合戦という大義名分は秀吉側にあったことも大きい。
・安土城は明智光春が守っていたが退城。光春は坂下城に至り、妻子を殺して自刃。坂下城を焼く。6月16日秀吉は安土へ。長浜城奪回。その後、安土城は焼ける。織田信雄が焼いたとも、家康の命令で服部半蔵達伊賀者が焼いたとも言われる。
家康は帰国後、6月14日尾張まで光秀討伐のため出陣するが、山崎合戦決着を聞き帰国。甲斐に出兵、穴山領と河尻秀隆領を手に入れる。信濃には上杉景勝、北条氏直が侵攻。上野の滝川一益は北条に敗れて西上する。

山崎合戦勝利後の秀吉——清洲会議を経て信長後継者へ

①　諸将の動き

秀吉は６月20日清洲着。清洲城で信忠の嫡男三法師（秀信）に謁する。柴田勝家は上杉景勝勢と越中で対峙、魚津城を抜く。その翌日の６月４日夜、本能寺の変を知り、北ノ庄へ引き返し１万の兵を率いて京へ向け出発するが、山崎合戦終了、光秀没を知り、信孝からの要請で清洲城へ向かい、６月16日着。

滝川一益は厩橋《まやばし》城で６月７日に変を聞き、１万８千の兵を率いて京へ向かおうとするが、北条が一益を討つべく来攻、一益と鉋川《かんながわ》（神流川、上野国）で戦い、一益は北条軍に敗北。厩橋城に戻り、質子《しちこ》を返し、信濃を通り、領国伊勢へ撤退する。甲斐の河尻鎮吉《しげよし》は武田の旧臣一揆に殺害され、信濃の森長可は美濃へ逃る。

②　清洲会議

・６月27日　清洲城で、柴田勝家、羽柴秀吉、丹羽長秀、池田恒興（母が信長の乳母）の織田４重臣による所謂清洲会議が開かれた。

信雄は信忠の同母（生駒夫人）弟で、伊勢国司北畠氏の猶子となった。本能寺の変時には領国の伊勢松ヶ島城（三重県松坂市）にあり、変を聞き、近江国土山（滋賀県甲賀市）

まで出陣したが、そこに留まり動かなかった。父、信長の評価の低い人物で、戦、政治の才も乏しかったという。

信孝は信長の側室坂氏《さかし》の子で、生まれは信雄より数日早い。11歳で伊勢の神戸《かんべ》具盛《とももり》の養子となる。信長は四国征討の責任者を命じており、相応に、その才を買っていたとされる。

信長の後継者争いは、信孝を推す勝家と嫡流の三法師（3歳、信忠の嫡子）を推す秀吉が対立する。秀吉は織田家から養子に出た者には信長の後継者になる資格はないと主張。丹羽長秀、池田恒興を味方に引き込み、勝家は孤立。三法師を推す秀吉が会議を制し、三法師の家督継承が決まる。

・信長領の配分は以下のように決まった。

織田信雄　南伊勢に尾張を加える。織田家の父祖の地を貰い満足。

織田信孝　北伊勢に美濃を加える。信長の天下布武の根拠地を貰い、不承不承、承諾。

三法師は信孝の居城の岐阜城に入る。安土城を再建し三法師を移すことも決まる。

柴田勝家　江北に越前を加える。長浜城は勝家に。勝家は長浜城の支配を養子の柴田勝豊に委ねた。秀吉の要請によるともされる。

丹羽長秀　近江志賀郡、高島郡に若狭を加える。

池田恒興　摂津の大阪・尼崎・兵庫に池田・有岡を加える。

羽柴秀吉　長浜を勝家に譲ったが、京都のある山城を抑え、養子の秀勝は光秀の旧領丹波を入手、河内、播磨、備前を勢力下に置いた。

滝川一益は無視された。

・信長の妹の市（36歳）は秀吉を浅井長政の仇として嫌い、信孝に誼を通じていたが、信孝は市に勝家（61歳）に嫁することを説得、勝家も受け入れた。勝家は信孝と謀って滝川一益を味方に引き込む。

・柴田勝家は秀吉の旧領江北・長浜を得ることで越前からの出入口を確保、信孝が岐阜城、三法師を抑えたことで、秀吉に対する手は打てたと考え、長浜城を養子の勝豊に任せ、北ノ庄に市と共に引き揚げた。この引き揚げが勝家敗北の因となった。勝家自身が長浜城に留まっていれば、事態の展開は異なっていたであろう。勝家が信孝を推したことで、信雄は秀吉方となった。

③　清洲会議後の動き

その後、秀吉が山城山崎（天王山）に築城、勝家は築城は何に備えるものかと批判。

安土城は焼けたため秀吉、長秀が普請中で、三法師は信孝が岐阜城に預かったが、信孝は三法師を手放さず、秀吉と対立。もともと仲がよくない信雄と信孝が対立、秀吉が信雄を担ぐ。勝家・秀吉、信雄・信孝、信孝・秀吉の対立が鮮明となる。

9月11日　市が京都で信長の百か日法会。

10月15日　秀吉は、京都大徳寺で信長の葬儀を主宰。沈香で仏像を作り、信長の遺骸に替えて棺に納め、荼毘に付した。秀吉は信雄、信孝の葬儀参列を呼びかけたが2人は無視、葬儀を妨げる動きも起こそうとしたとされる。秀吉は信長の4男で秀吉の養子となっていた秀勝を喪主に立てた。朝廷は信長に従1位太政大臣を追贈。

信長継承につき秀吉の政治上の優位は強いものとなる。

信長の墓は大徳寺総見院とされるが、清玉《せいぎょく》上人が信長、信忠の遺骨を西の京蓮台野《れんだいの》の阿弥陀寺に葬ったともされる。

2　信長後継者秀吉の確立

秀吉と織田信孝、柴田勝家との戦

秀信（三法師）は幼若、信雄《のぶかつ》は暗弱、信孝は英気ありとされる。信孝は、自分に「信長の復仇《ふっきゅう》に功があったのにそれを秀吉が盗み没したので、秀吉を速やかに誅すべき」と考え、柴田勝家、滝川一益と結び、秀吉を除こうと動く。

勝家は北陸の雪で春までは上方へ出陣が出来ないため、滝川一益は勝家に年内に秀吉と和睦した方がよいと進言。勝家はそれに従い、与力の前田利家（能登七尾城主）、不破勝光（越前龍門寺城主）、金森長近（越前大野城主）の３人を秀吉の許に派遣、柴田勝豊（長浜城主）に秀吉との和睦斡旋を命じる。11月３日、３人は山崎城で秀吉と会い、秀吉は和睦を快諾した。この時に、秀吉は３人に、今後、勝家に同心しても動かずに成り行きを見守って欲しいと頼み、密約が成立したとの説もある。

勝家は養子の勝豊（勝家の姉の子）を長浜城に入れたが、勝家は武勇のある佐久間盛政、勝政（勝家の養子）兄弟を取り立て、実子権六もあって、非力、病弱の勝豊は勝家の自分への評価に不満を持っていた。

秀吉は勝豊の家老、与力を調略、12月９日５万の兵で近江に入る。勝豊は積雪で勝家の支援も望めず、長浜城を無血開城、秀吉に渡した。

さらに、秀吉は、信雄を正面にたて、３万の兵で美濃に侵攻。「安土城を再建し三法師を移す」という清洲会議の約定違反として三法師を抱える岐阜城の信孝を攻める。秀吉は信孝周囲の家臣、国人を調略、信孝は孤立、敗れ、12月20日丹羽長秀の仲介で母と乳母を質に出して秀吉と和議。

天正11年閏1月　信雄が安土城に入り、秀吉も参上、年頭の礼。
1月　信雄が信孝党の北畠具親攻略。
2月　信雄・秀吉は伊勢長島城主滝川一益を攻め、亀山城攻防で激戦、3月3日落城。戦は桑名、長島へと移る。
3月　勝家が動き、秀吉は戦場を信雄、蒲生氏郷に任せ、近江に戻る。
3月3日　佐久間盛政（加賀尾山城主（金沢城主）、身長6尺、驍勇《ぎょうゆう》の人、柴田勝家が重用）が8千5百を率いて北ノ庄進発。
3月4日　勝家2万を率いて北ノ庄進発。3月12日江北柳瀬（滋賀県余呉町）に着陣。盛政は柳瀬付近の山岳地帯に陣地群構築。秀吉は余呉湖付近に砦構築、中川清秀、高山右近等配置。勝家の南進を阻もうとし、長浜城を本営とする。柴田軍3万5千、秀吉軍6万とされる。
勝家は足利義昭を通じて毛利に働きかけるが、秀吉からも働きかけがあり、毛利は日和見のスタンス。勝家は家康にも働きかけるが、家康は部外中立をとる。四国の長曾我部元親は勝家の側に立つが、四国平定に忙しく勝家を支援せず。
秀吉は上杉景勝を味方に引き込むが、上杉内部、北条の動きから支援に至らず。越前、加賀で一向一揆を起こすよう働きかける。

岐阜城の信孝が挙兵に動く。秀吉は人質としていた信孝の母と乳母を磔刑に処す。秀吉は信孝に対応するため大垣城へ。秀吉の江北離脱の隙に、盛政は、勝豊の与力で秀吉側となっていた山路将監《しょうげん》を味方に引き込む。

４月20日　佐久間盛政１万５千が防備の弱い中川清秀の守る大岩山（１千）を攻め、盛政勝利、清秀討死（42歳）。勝家は盛政に、勝利後、直ちに撤収を命じていたが、盛政はさらなる展開を図る。

岐阜城攻略に向かった秀吉は揖斐川増水で渡れず大垣城にいたが、これを知り、大垣に５千の兵を残し、盛政勝利の戦果情報が拡散する前に大垣から引き返し（装備は全て置いて、52㎞を５時間で走破）、４月21日盛政を攻撃。想定を遥かに超える早い秀吉の反攻で、余呉湖湖畔で白兵の激戦。賤ケ岳７本鎗（加藤清正22歳、福島正則23歳、加藤嘉明21歳、平野長泰25歳、脇坂安治30歳、糟谷武則、片桐且元28歳　各々３千石（正則のみ５千石）貰ったとされる）の武勇伝が生まれたのはこの時の戦である。

前田利家は盛政軍を援護することになっていたが、陣を払って撤退する。これを見て盛政軍の足軽が逃亡を始め、不破勝光も戦線離脱、勝家本隊からも逃亡者続出、金森長近も離脱、勝家・盛政軍は総崩れとなる。毛受《めんじゅ》勝照（25歳）が勝家の身代わりとなり、勝家は北ノ庄へ退く。

勝家は北ノ庄に戻る途中、利家の処に寄り、茶漬けの馳走を所望した後、恨みを残さず退いていった（創話とされる）。利家は、勝家とも秀吉とも親しい関係にあり、地勢的に近い勝家に与したが、秀吉の勝勢を見て去就に迷う。結局は秀吉に付き、勝家を見限った。利家の秀吉へ加担が、勝家戦における秀吉勝利の因となった。この功績に対し秀吉は利家を大大名とすることで報いている。

2月23日　秀吉軍は勝家の北ノ庄（福井市）を包囲、24日勝家と夫人市は、浅井長政と市の娘3人を秀吉に託し、自刃、勝家62歳。

佐久間盛政は負傷、敗走中に農民に捕らえられ、秀吉の許へ送られた。秀吉は盛政の軍事才能を評価、自分の配下となるよう説くが、盛政はあくまで刑死を望み5月12日斬首。秀吉は、勝家との戦の勝利で天下人への途が開けたと確信したであろう。

4月　信孝は信雄に攻められ、美濃から尾張に移ったが、5月2日自刃。

6月2日　京都で信長一周忌法要を行う。

7月　長島城の滝川一益降伏。北伊勢は信雄の所領となる（一益は秀吉に仕え、天正14年9月病没（62歳））。

こうして武田旧領を除き、信長の領土は秀吉の勢力下に入った。秀吉は自らの政権樹立を目指し、本拠を大阪とし、領土配置を定める。

織田信雄　北伊勢、尾張、伊賀を領し、清洲に在城
丹羽長秀　勝家旧領越前と加賀２郡
前田利家　加賀２郡、金沢に入る
池田恒興　信孝の旧領美濃

稲葉一鉄、森長可、筒井順慶、細川藤孝は旧領安堵。堀尾吉晴に高浜城（福井県高浜町）を与え、浅野長政を坂本、堀秀政を佐和山、秀吉の養子の秀勝を丹波、弟の秀長を但馬・播磨、蜂須賀正勝は播磨竜野、淡路には仙石秀久を入れ、体制を固めた。

徳川家康との戦

①　天正12年までの動き

天正10年10月29日　家康は北条氏直と和議、甲斐・信濃を徳川領、上野を北条領とすることで合意。天正11年、家康の娘を北条氏直の室とする。上杉景勝は信濃４郡を手に入れ、徳川・北条同盟に対抗するため秀吉に接近する。

天正12年正月　秀吉は信雄に大阪城に年賀の礼に来るよう使いを出す。信雄への挑発で信雄は激怒。信雄は、秀吉に対抗するため家康に接近する。秀吉は信雄の３家老を調略。３家老は秀吉と戦うことを諫めるが信雄は聞かず、天正12年３月３家老を切腹させる。

家康は3千の兵を率いて清洲を訪れ、3月13日信雄と会談、家康と信雄は手を結ぶ。家康方は秀吉を逆臣として糾弾する弾劾文を各所へ送る。四国の長曾我部元親、紀州の雑賀一揆、根来衆、越中の佐々成政が連携し秀吉に抗する。

天正12年初　秀吉は信雄懐柔のため、信雄家臣佐治一成に浅井長政3女小督《おごう》（12歳）を嫁す。秀吉は小牧長久手戦で信雄と戦うこととなり、小督を離縁させ、その後、小督は羽柴秀勝（秀吉の姉「とも」の子）に嫁し、女一人を生んでいる。秀勝は朝鮮戦役で病没。

②　小牧、長久手《ながくて》の戦──家康・信雄と秀吉が戦う

秀吉は、信長の重臣池田恒興（信長の乳兄弟）を美濃、尾張、三河を領地とすることを約し味方に引き込む。これが織田諸将が秀吉に味方する雰囲気を作った。家康軍8千が浜松城出発、天正12年3月13日尾張清洲城で信雄軍1万と合流。

同日夜　池田恒興軍が信雄領の尾張犬山城を攻略、小牧山へ兵を進める。これを家康軍が追撃、彼等が犬山城に引き揚げると小牧山城（愛知県小牧市）に布陣。恒興の娘婿森長《なが》可《よし》（蘭丸の兄、鬼武蔵と呼ばれた）が攻撃を掛けるが、小牧山北方8㎞の羽黒で家康軍に敗れる。3月28日には、家康・信雄は小牧山城、秀吉は犬山城に本陣（10万）。

4月6日　長久手の戦　羽柴秀次、池田恒興父子、森長可等1万6千の兵が家康不在の

三河急襲を図り出陣。家康に察知され、秀次敗走、恒興父子・森長可は家康軍に長久手で襲われ戦死、家康が勝利する。以後、秀吉対家康の戦線膠着。

秀吉は信雄方の城を次々と攻略。堪え切れずに、信雄は家康に断りなく秀吉と和議。信雄の脱落で、家康は織田家のために戦う大義名分が無くなり、11月15日家康も和議。

12月20日　家康は次男於義丸（結城秀康。１５７４年生まれ、秀康の母は築山殿の侍女。築山殿への遠慮、双子であったこと、容貌魁偉などから家康に疎まれ、信康のとりなしで3歳で初めて家康に対面したとされる）を人質として大阪に差し出す。

兵力には大差（秀吉10、家康1とも言われる）があったが、団結力では家康が優っていたと言われる。戦域全体で見れば、秀吉の勝利であった。信雄は領国を半分に削られる。

3　秀吉中央支配の確立

南伐——紀州攻め

秀吉が小牧出陣中に、大阪が雑賀僧兵と根来衆に襲われた。

天正13年３月　秀吉、兵10万を率いて南伐。

3月23日　根来寺、24日粉河《こかわ》寺攻略、焼き討ち。雑賀一揆を攻め、土橋平丞《へいすけ》等は、夜中、船で土佐へ逃れる。

太田城（和歌山市）に太田仁左衛門等が籠城。秀吉は高さ12ｍの堤を城の周りに築いて、紀ノ川から水を入れて水攻め、4月22日開城。首謀者53人斬首。百姓は赦免、武器は没収、帰村を許された。最後の一向一揆であった。信長のような全員虐殺はしない方針を示している。和泉、紀伊を弟の秀長に与え、和歌山に築城させる。

高野山は、木食応其《もくじきおうご》が僧兵武装解除、天下に敵対する謀反人、悪逆人を置かないことを誓約。3千石の寺領を秀吉から与えられる。

南伐——四国攻め

長曾我部元親は、本能寺の変後の8月阿波三好勢力の中心である十河存保《そごうまさやす》を阿波の中富川で破り、9月には存保は讃岐に敗走、四国統一へと進んだ。

天正11年　元親は信孝と好を通じたが、信孝は信雄・秀吉に敗れ自刃。天正12年の小牧長久手の戦の際には、元親は家康・信雄に与した。秀吉は長曾我部元親に伊予、讃岐割譲を要求するが、元親は拒否。

天正13年6月　秀吉は、秀長、秀次を将に阿波から侵攻。宇喜多秀家が讃岐、小早川隆景が伊予から侵攻。元親は羽津《はづ》（阿波国）に陣するが、各所で敗れ、降伏。３国を取り上げられ、土佐１国を安堵された。阿波は蜂須賀家政、赤松則房に、讃岐は仙石秀久、十河存保に、伊予は小早川隆景、安国寺恵瓊、来島通総《みちふさ》に与えられた。

北伐――越中攻め

天正12年７月　滝川一益、北陸で死去。

８月　佐々成政は前田利家を攻めるが勝てず。

11月　成政は、家康と通じて秀吉に対抗しようと雪山を越えて信濃から遠江に出て家康に会う。家康は成政の対秀吉戦提案を断る。次いで成政は尾張の信雄を説くが、信雄にも断られ帰国。

この頃、丹羽長秀は秀吉に与し、助けてきたが、秀吉が主家織田氏の上に出る姿を見て秀吉に味方したことを悔恨、病み、自殺。

天正13年８月　秀吉北伐。越中、飛騨を攻略、越中佐々成政、飛騨姉小路自綱《よりつな》を服属させ、成政には新川郡のみを与え、残り全てを前田利家・利長に、飛騨を金森長近に与えた。秀吉は進んで越後に入り、上杉景勝に会い、盟約を結ぶ。その少し前に真田昌幸が秀吉に好を通じ、子の幸村を質に送る。

11月　家康家臣石川数正が秀吉の配下となる。

秀吉の家臣団配置再編成と統治基本方針

天正13年閏8月　秀吉は畿内周辺の中枢部の国分け、国替えを行う。大阪城のある摂津に直臣団を配し、河内は直轄領とする。和泉・紀伊・大和に弟秀長一族、山城に京都奉行を務める前田玄以、丹波に養子の秀勝、近江に養子の秀次、播磨に福島正則・中山秀次・高山右近等近習、淡路に加藤嘉明・脇坂安治、阿波に蜂須賀家政を配置、大和の筒井定次は伊賀へ、近江の堀秀政（信長直臣）は越前へ移す。弟の秀長を重用し、公儀の儀（国政）は秀長、内内の儀は千利休が仕切ることとされた。

天正14年1月19日　「定」11条、3月21日追加法に当たる「条々」が出される。下克上の凍結と兵農分離を定めたもの。侍向けに、自由に主人を取り換えることを禁止。その他服装規制など4条。百姓向けに、百姓に対する年貢、夫役の皆納強制と移動禁止。百姓の年貢の損免要求の抑圧、百姓支配の強化と百姓の耕作放棄、逃亡を防ごうとするものであった。

政治的権威の確立

①　大阪城築城

天正11年9月1日　秀吉は石山本願寺の跡地に本拠地大阪城築城開始（慶長4年に全工事完了）。過って同僚であった信長家臣達を動員。5つの天守閣からなり、本丸は南北530m、東西200m、本丸天守は外観5層、内部8階。30余国の大名に築城普請を割り当て、近江国中の職人を大阪に集めた。大量の石材を大阪周辺20～30里以内の全領主に積送を命じ、毎日千隻を超える船が来阪したと伝えられる。

②　関白就任

天正12年には、秀吉は全国の諸大名の上に立つため、そして、織田氏より上位となるため朝廷に接近する。足利義昭の養子となり征夷大将軍となることを試みるが、義昭に拒否された。

10月2日　従5位下左近衛少将任官。銭1万貫を朝廷に納め、正親町天皇が望む譲位と誠仁親王即位を執り行うことを申し出る。天皇は歓迎。11月22日従3位権大納言補任。朝廷が秀吉を武家政権の主と認めたことになる。

天正13年3月10日　正2位内大臣補任。内大臣は近衛信輔《のぶすけ》であったが右大臣に、右大臣の二条昭実《あきざね》は左大臣に任官。その後、菊亭（藤原）晴季《はるすえ》が右大臣を望み、信輔が左大臣、昭実が関白任官。更に、秀吉が左大臣任官（信長は右大臣を経験、横死した凶例を避けるためとして）を望んだことから、信輔は関白任官を望み、現関白昭実と争う。秀吉は、近衛、二条いずれが敗れても朝廷のためにならないとして自らの関白就任を要望。

信輔は父の近衛前久に相談するが、前久は秀吉の関白就任が良いと進言。秀吉が近衛家の猶子となること、信輔を将来関白とすること、近衛家に千石、4摂家に各5百石加増という条件で、秀吉関白就任が実現した。晴季の策謀とされる。

7月11日　秀吉、従1位関白補任。藤原氏長者、藤原秀吉となる（46歳）。関白になったことで、天皇の代理者、天下人の名分を得た。

天正14年9月　天皇から豊臣姓を賜う。

12月　太政大臣も兼ねる。吏5人を置いて政令を奉行させた。浅野長政、石田三成、増田長盛、長束正家、前田玄以（美濃出身、織田信忠に仕え、秀吉時代には京都所司代となり、朝廷との交渉に当たった）である。

③　家康対策

天正14年春　秀吉の妹の旭姫を家康の正室に迎えさせる。家康は築山殿没後、正室を持たなかったことにつけ入った。５月16日浜松城で婚儀（家康45歳、旭姫44歳）。秀吉と家康が義兄弟となった。旭姫は家康の人質となったと言えよう（旭姫は天正15年大政所の病気見舞いに上洛、そのまま在京、天正18年１月病没）。

10月　秀吉は母（74歳大政所）を家康の許へ送り（人質の意）、家康の上洛を促す。

10月26日　家康上洛、秀長邸に入る。秀吉は家康を訪ね、政権への協力（臣従）を願う。

10月27日　大阪城表座敷で家康は秀吉への臣従を誓う。

11月７日　正親町天皇譲位、正親町の皇子誠仁親王は病没したため、誠仁の皇子が即位して後陽成天皇（16歳）。

天正14年２月　京都に聚楽第築造開始、翌年９月完成。母、妻おねと入居。

方広寺を建立、木造大仏（高さ16丈）を造る（天正16年造立開始、１５９５（文禄４）年法会、翌年閏７月大地震で大破）。

天正10年６月の信長没後、僅かの内に、信長の支配領域を受け継ぎ、家康を含めて諸将を服属させ、関白太政大臣という支配の権威も獲得した。残るのは九州、関東の北条と東北の制覇であり、全国制覇は間近となった。

4　九州、関東、東北制圧

九州制圧

①　島津制圧

九州では、古くからの勢力である大友氏の義鎮《よししげ》（宗麟）が力を持ち、九州中北部を支配下に置き、更に南進を図ったが、天正6年島津氏と日向耳川で戦い、大敗。以降、島津氏が勢力を増し、大友氏は衰勢に向かい、秀吉を頼る。

大友義鎮は義鑑《よしあき》の正室の子であるが甚だしく淫蕩な人物と評される。義鑑は側室との子の塩市丸に家督を譲ろうとしたことから大友家の家臣が2派に分れ、義鎮派の家臣が義鑑、塩市丸母子を殺害、義鎮が家督を継いだ。

天正13年10月2日　関白秀吉は九州の諸大名に惣無事令（停戦命令）を出す。「天皇の命令として戦争を止めることを命じ、国境については関白秀吉が双方の言い分を聞いて裁定する」というものであった。以降、秀吉の北条、東北征討にも惣無事令が用いられた。

秀吉は九州支配につき、筑前は秀吉の直轄地、豊後・肥後、豊前の半国・筑後は大友、肥前は毛利、その残りは島津とする裁定を示し、期限までに返答しなければ成敗するとした。大友は直ちに受諾、島津には不利益な裁定であり、島津義久は期限までに回答せず、筑後、筑前に侵攻、大友を攻める。

天正14年7月　秀吉は逆賊島津征伐令を発出。中国・四国勢（仙石秀久、長曾我部元親、十河存保など）を派遣するが、島津はこれを破り、大友義統《よしむね》（義鎮の子）の豊後まで占領。

天正15年3月1日　秀吉、秀長軍総勢18万が大阪出発。備後赤坂で足利義昭と会見（翌年1月1万石の知行を与える）。

4月17日　日向根白坂の戦で島津義弘は秀長軍に大敗。島津は足利義昭の講和勧告を受け入れる形で秀吉に屈服。島津義久は剃髪して竜伯となり、5月8日泰平寺（鹿児島県川内市）に秀吉を訪ねて降伏し、薩摩、大隅、日向を安堵された。

6月7日　秀吉は、筑前筥崎八幡宮（福岡市）で九州国分け。大友義統に豊後、宗氏に対馬安堵。高橋統増《むねます》、伊東祐丘《すけたか》、竜造寺政家（但し鍋島直茂に国事を摂せしむ）にも旧領安堵。小早川隆景に筑前、黒田孝高・森勝信に豊前、佐々成政に肥後、筑後を毛利秀包・立花宗茂に与える。

6月15日　対馬の宗義調《よししげ》に朝鮮国王の服属、来日を取り計らうよう命じる。秀吉は博多を朝鮮侵略の拠点とすることを考え、筑前に小早川を配置、長束正家を中心に、嶋井宗室《そうしつ》、神屋宗湛《そうたん》等が新しい城下町作りを担当することとなる。

② 伴天連追放令

6月18日　覚11条　領主による領内での強制的キリスト教への改宗の禁止。キリスト教信仰は本人の心次第とし、高禄武士の入信は許可制。大唐・南蛮・高麗への人身売買禁止、食牛馬売買禁止等を内容とする。

6月19日　伴天連追放令　キリシタン大名が領民にキリスト教を強制、神社仏閣を破壊することを厳禁。伴天連は今日から20日の間に用意し、帰国すべきことを命じた。ポルトガル貿易は差し支えないとしている。

フロイスのイエズス会への書簡によれば、18日夜、秀吉は側近と夕食、食後、側近の一人の施薬院全宗（元比叡山僧徳運）が秀吉にキリシタン大名の領地の神社仏閣破壊、領民のキリシタン改宗強要の実態を告げ、秀吉は怒りを発して追放令に至ったとする。追放令は博多のポルトガル宣教師ガスパル・コエリョに伝えられた。秀吉は高山右近には棄教を迫り、右近は拒否、追放を受け入れ、領地没収。

秀吉は、イエズス会は教徒を拡大、結集し日本征服を図るもので、一向宗よりも質が悪いと考えたとされる。ポルトガルとの南蛮交易（ポルトガル船の運ぶ鉄砲、鉛、生糸などは日本国内で巨利を齎し、ポルトガルは日本から銀、漆器、男女奴隷を得て巨利）存続は必要と考えていたので、商売の儀は差し支えなしとしている。

この命令を受け、コエリョはイエズス会の司祭達を九州に招集したが退去はせず、秀吉もそれ以上の追求はしなかった。20年後には信者は70万人に達したとされる。

③　肥後一揆

8月　佐々成政が入った肥後で隈府《わいふ》氏、阿蘇氏など土着の領主に主導され肥後北部を中心とする一揆が起こった。総勢3万人となり（武士1割、百姓9割）、更に、豊前の中通一揆、肥前の諫早一揆に発展。

秀吉は10月1日から10日の予定で北野大茶会開催。北野大茶会は一般人参加型の大イベントで、誰でも参加して、秀吉自慢の茶器、秀吉自らの点前の接待を受けられるということで大盛況となったが、肥後一揆勃発を聞き、その対応のため秀吉は1日で茶会を切り上げたと言われる。

1日で切り上げたのは、来場者が余りに多く、秀吉が疲れてしまったためとも、10日間開催の意ではなく、1～10日の間に開催の意で、当日は天候に恵まれたため1日で終了したとの見解もある。

肥後一揆の因は、成政が強引、強制的に検地を急いだ（秀吉の命による）ためとされるが、検地反対も包み込んだ名主、百姓の秀吉権力への反抗であった。一揆は九州諸大名相手に半年に及び、天正16年1月に平定された。首謀者は処刑、成政は切腹、百姓は赦免された。肥後の北半分は加藤清正、西半分は小西行長に与えられ、検地が行われたが、小西領では天草一揆が起り、清正の援軍を仰がなければならなかった。

④　刀狩り、海賊停止令

天正16年4月　天皇が聚楽第に行幸、5日滞在。内大臣織田信雄、大納言徳川家康・豊臣秀長、中納言豊臣秀次、左近衛中将豊臣秀家、右近衛少将前田利家、侍従長曾我部元親・大友義統等が列席したとされる。

天正16年7月8日　刀狩令　百姓が刀など武器を所持することを禁じ、村請けの形で領主に武器を提出させ、取り上げた。百姓の武力行使を認めない、百姓に帯刀を禁じる社会を目指したもの。刀狩令の効力は秀吉の支配全域に及んだと解されているが、肥後国一揆との関わりから、当初は九州限定で出されたものとの見解もある。没収した武器は方広寺の大仏建立の釘や鎹《かすがい》に使うので百姓は来世も救われると説明している。

同日　海賊停止令　海賊行為をすれば成敗すると定め、海上も秀吉が支配することを明らかにした。海賊とは海域を支配する武士団で、支配海域を通航する船から通航料をとって安全通航を保証、払わぬ船は襲撃した。伊予の河野氏、忽那《くつな》氏、村上水軍（能島、来島、因島）などが代表例である。

関東北条氏攻略

①　開戦

関東、東北の諸領主の多くは秀吉に好を通じたが、北条氏政と伊達政宗は降らなかった。天正15年12月３日　関東・奥両国惣無事令　秀吉は関東、陸奥、出羽の大名同志の戦を私闘として禁止。北条、伊達制圧を狙ったものである。

北条氏は真田昌幸の沼田領の取得に執着していたが、天正17年沼田領の三分の二を真田から北条に割譲、それ相当分を家康が真田に渡すという裁定を秀吉が示し、合意が成立、7月裁定通りの引き渡しが行われた。懸案が解消できたので、家康は北条氏政に上洛、秀吉に好を通じるよう勧め、北条氏政も上洛を約束した。

天正17年９月　秀吉は諸大名に妻子を伴っての上洛を命じた。この措置については、小田原北条攻めを控えて諸大名から人質を取ることが目的であったとする見解、北条への宣戦布告は11月なので秀吉の大名統制強化の一環と見るべきとの見解がある。

家康は、９月、長丸（秀忠、12歳）の上洛を秀吉に約束する。長丸を人質に出すことを約束したことになる。これは、北条攻めにつき、家康が豊臣方につくことを示したもので、豊臣政権下での家康の初の軍事協力となった。北条とは同盟関係、縁戚関係にある家康にとって、徳川存続のための決断であった。

長丸は天正18年1月上洛。信雄の娘で秀吉の養女となった小姫君《おひめ》と祝言。小姫君は徳川の秀吉への人質として在京することとなり、長丸は祝言が終わると帰国している。

天正17年10月、北条方が真田領の名胡桃城《なぐるみ》（群馬県月夜野市）を奪う事件が起き、秀吉は惣無事令違反として咎めるが、北条氏政は上洛して釈明することはしなかった。

11月24日　秀吉は「来年、出兵し北条を討つ」と宣戦布告。

世上伝えられるこの開戦の経緯については、秀吉は名胡桃事件の起こる前から北条討伐の準備を進めており、事件はでっち上げとの見解もある。

北条は永年の経験から、大軍の敵が小田原城攻略に押し寄せても1、2カ月籠城すれば補給が続かず、撤退せざるを得ないと考え、城内に兵糧を集積、関係者の人質を取り、小田原城防衛体制を固め、敵が退けば追撃、勝利すると考えた。

天正18年3月1日　秀吉、京都進発。水陸併せて21万の軍勢。100石につき5人の軍役を基準に各大名に軍役を課した。軍役は徳川の領国を始め東海、北陸に重く、畿内以西は軽くしている。徳川勢力の抑制と大陸侵攻を考え九州勢を温存したと見られている。また、全大名に検地施行と人質を求めている。北条側は5万6千。

３月６日　黄瀬川辺りで両軍の先鋒交戦。
３月29日　本格攻撃開始。その日のうちに山中城落城。家康の勧めで伊豆韮山の北条氏《うじ》規《のり》降伏。
４月　秀吉は小田原に入り、石垣山に城を築き本営とする。紙で城壁を作り一夜で築城したように見せ小田原方を驚かせたとも、森林の後ろに築城、城完成迄見えないようにしておき、完成して森林を切り払ったため忽然と城が現れたとも言われる。

②　伊達政宗服属

伊達氏と佐竹氏は蘆名氏を挟んで緊張関係にあった。天正14年会津の蘆名氏の幼主亀若丸没、15年常陸の佐竹氏の次男義広が蘆名家督を承継、隣国の伊達政宗を刺激した。17年６月猪苗代湖の北の摺上原《すりあげはら》に政宗が１万の兵を率いて出陣、蘆名軍を破り、居城の黒川城（会津若松）を奪い、蘆名氏滅亡。

天正15年に関白秀吉の惣無事令が出ており、政宗は惣無事令違反を問われた。秀吉は「会津を返上、上洛して謝罪せよ。会津の帰属は秀吉が裁定する」と迫り、上杉景勝・佐竹義宣に政宗討伐を命じるが、浅野長政等がこれをとりなしたとされる。

天正18年6月　政宗（23歳）は逡巡の後、小田原に向かい、一命を賭けて秀吉に面会した。出発前日、政宗の弟を溺愛する母の保春院《ほしゅんいん》（義姫《よしひめ》、最上義光の妹）による政宗毒殺事件（未遂に終わった）が起きている。最上義光の指図によるともされる。

秀吉との会見の結果、惣無事令以降の占領地は没収されたが、それ以外の知行地は安堵され、奥州仕置（秀吉占領の遂行）を命じられた。

③　北条敗北と家康関東移封

7月5日　北条氏直降伏。7月16日最後まで戦った忍城《おしじょう》（埼玉県行田市）開城。

秀吉は北条支配の城を落とし、予想を超える大軍で余裕をもって小田原城を包囲した。このため、小田原城内にあった落城した城の人質は戦意を失い、城内には秀吉軍に内応する者が続出する状況となり、また、大軍で籠城したため兵糧の消費も大きく、飢えの問題もあった。こうした状況下で家康が仲介に入り小田原開城。当主氏直（家康の女婿）、氏規は高野山追放。氏直の父の氏政と叔父の氏照は切腹。

秀吉は北条領を家康に与え、家康を関東に移封。家康の旧領5国を収公、これを織田信雄に与えようとしたが、信雄は尾張、伊勢を手放すことに抵抗したため全所領を没収され、出羽秋田に追放、天正19年伊予へ、20年大阪へ移された。

駿河を中村一氏に、甲斐を加藤光康に、尾張と北伊勢の５郡を秀次に、三河を池田輝政・田中吉政に、遠江を堀尾吉晴・山内一豊・有馬豊氏に、信濃を森忠政・石川数正・仙石秀久に与えた。

東北経略

①　秀吉の奥州仕置

小田原城開城の翌日、秀吉は会津への進発を公表。７月26日秀吉宇都宮着。伊達政宗、最上義光に、妻子の人質としての上洛を命じる。北関東の佐竹・結城・宇都宮、安房の里見、奥州の津軽・最上・南部・相馬・岩城等が秀吉の許に出仕、知行安堵を受けた。

８月９日　秀吉は会津黒川城に入り、小田原に参陣しなかった白河義親、石川昭光、大崎義隆、葛西晴信の領地を没収。

会津と白河・石川領を蒲生氏郷に与え、奥州の責任者とし、大崎・葛西領は木村吉晴、清久父子に与え、伊達政宗の抑え役とした。上杉景勝は天正16年に武力制圧した出羽、庄内領有を認められ、南部の一族の大浦（津軽）為信は津軽の領有を認められた。

日本海沿岸諸国は太平洋沿岸諸国に比べ、北国海運の便で上方の情報を得やすい利点があり、秀吉の動きを早くから承知し、太平洋側諸国に比べ上手く立ち回っている。秀吉は奥羽諸大名の家族の人質としての上洛、居城を残し領内の全ての城の破却、大名家臣の妻子を大名居城地に置くこと（人質として）、検地を行うことを命じた。

② 奥州の反乱

秀吉は会津に入った翌日の8月10日、浅野長政等に奥州の旧領主改易地の検地を命じ、国人、百姓に合点のゆくようよく説明を行うこと、拒否すれば撫で斬りを指示。南奥《なんおく》は秀次・宇喜多秀家、北奥《ほくおく》は木村、前田、石田等が指揮。出羽検地は7月頃から上杉、大谷、前田、石田等、8月からは庄内検地が上杉により開始された。

地元からの指出（届け出）を基に、全ての生産を米の石単位に集約した。急いで検地を済ませ、秀次等は引き揚げる。秀吉に服属した伊達政宗、最上義光、南部信直の領国では、豊臣政権派遣の奉行による太閤検地が実施された形跡はない。

占領地を中心に秀吉に対する人々の反感が溜まり、駐留軍の減った処から地元の反乱が始まる。9月下旬に出羽仙北地方で3万5千人の一揆。由利・庄内地方でも一揆。葛西・大崎一揆は木村吉晴領（30万石）の居城を攻略。一揆は、更に、南の黒川郡、北の和賀《わが》、稗貫郡《ひえぬき》へと奥州一帯に波及した。

旧領主の支配を否定された地域では、占領軍により老親、子供を人質に取って検地を行うなど過酷な行為があり、こうした地域を中心に一揆が起こったとされる。浅野長政は、伊達政宗、蒲生氏郷に出陣を求め、家康も軍勢を派遣。出羽では、大谷吉継、上杉景勝が出動。

こうした中で、蒲生氏郷が伊達政宗は一揆と結びついていると秀吉に訴え、天正19年1月氏郷、政宗は秀吉に召喚され上洛する。

南部領で九戸《くのへ》政実《まさざね》が蜂起、九戸城にたてこもった。傍系から家督を継いだ南部信直に対する領内の根強い反発と秀吉支配への抵抗が結びついたもので、南部信直は秀吉に救援を要請。６月秀吉は家康、秀次を将に出陣命令、大軍を投入。９月九戸城陥落。撫で切りが行われた。一揆も次第に追い詰められ、鎮圧された。

こうした騒擾の結果、木村吉晴改易。伊達政宗は本領米沢を取り上げられ、大崎・葛西の岩手山城へ転封。伊達旧領は蒲生氏郷に与えられた。東北経略により、遂に、秀吉の天下統一が実現した。

秀吉の天下統一をもって日本全国各地の争乱は終結した。戦乱の世が始まって以来、戦地での勝者による物の略奪、人の略奪（人身売買）が常態化し、飢餓と疫病が広がる事態が続いた。戦地の住民は、領主の城への避難、砦を構築しての避難、武装しての抵抗、落ち武者狩りなど、自衛策を講じてはいたが、その被害は避けられるものではなかった。全国各地の争乱の終結はこうした時代が終わることを意味する。

利休、豊臣秀長の死

① 利休の死

天正19年2月13日　利休は秀吉から謹慎を命じられ堺へ追放、京へ召し返されて2月28日切腹。

茶の湯は村田珠光《じゅこう》（1423～1502年）、竹野紹鴎《じょうおう》（1502～1555年）を経て、千利休（1522～1591年）により大成された。利休茶は創造性が高いもので、創作茶器を評価、名物茶器の価値を相対的に下げ、名物を持たなくても楽しめる「開かれた茶湯」を演出した。利休は、信長に茶の湯の師匠として用いられ、秀吉も利休を茶の湯の師とする他、様々な相談役として重用してきた。

蒲生氏郷、高山右近、細川忠興、芝山宗綱、瀬田掃部《かもん》、牧村利貞、古田織部は利休七哲とされる。

利休が京都大徳寺山門に自分の木造を置き、下を通る秀吉の頭上にあったことや茶器の売買で不当な利益を得たことが秀吉の逆鱗に触れた結果の賜死《しし》と伝えられる（前田玄以が秀吉の耳に入れたとされる）。天下統一がなり、吏僚石田三成等が台頭、利休は彼等の威勢に妨げとなる存在となり、三成の策謀により死に追いやられたともされる。三成は利休とも親しく、三成策謀説は誤りとの見解もある。

②　豊臣秀長の死

天正19年4月　大納言秀長病没。秀吉の弟であり、秀吉の良き補佐役であった秀長の死は秀吉政権内の勢力バランス、政治に影響を与えた。秀長没により石田三成、増田長盛等の吏僚グループが力を増したとされる。秀吉の戦は物量で敵を圧倒する戦となっており、兵站が要でこれを裁量する吏僚の重要性が増し、旧来の武断派の地位は低下していた。

秀長は三成の仲人親で三成と秀長は親しく、秀吉の朝鮮出兵には三成は秀長同様に危惧、講和派であったともされる。

石田三成は近江坂田郡石田村（長浜市石田町）の生まれで、長浜城主秀吉に仕え、秀吉関白就任に際し、従5位下治部少輔の官位を与えられ、天正14年6月堺奉行、天正18年には政権を動かす地位に上っていた（30歳）。三成は、上杉景勝に接近、徳川、伊達の解体が必要と考えていたとされる。

秀長と利休の死により、秀吉は相談相手、抑え役、専制独裁への歯止めを失った。

③　秀吉検地、身分令

天正19年　秀吉は全国に御前帳（検地帳）の作成、提出を命じる。検地の結果を郡単位で集計し、絵図の作成も命じる。検地の集大成である。石高により兵役の計算が可能となり、大名の移動にも役立つものとなった。

検地は村の代表が案内役となり行われ、田畑を上中下に分け、1反当たりの斗代《とだい》を定め、面積を掛けて石高を出す。升は京枡で統一。菜、麻、大豆、林など全て米の取れ高に換算、石高を算出した。

一地一作人が原則で作人が年貢納入義務を負うこととし、現に耕作している百姓名を登録させようとしており、地主小作関係否定を基調としている。村単位で村高を決め、承諾すれば村として年貢納入の義務を負う（村請）。年貢は2公1民。単位は1間6尺3寸、1間四方1歩、30歩1畝、３００歩1反となった。

中世以来続いた荘園公領制は、戦国大名によりほぼ崩壊していたが、ここに制度的に完全に消滅した。

同年8月　定3条制定　武士に抱えられた奉公人の出奔禁止及び百姓の移動禁止を定めた。身分法令と呼ばれ、農民は土地に緊縛、兵も主従関係固定を指示している。

秀吉の懐に入る太閤蔵入地（秀吉の直轄領）は２００万石、近畿から北九州に集中している。主なものは、摂津・河内・和泉・山城・大和で65万石、美濃・尾張・伊勢・近江で52万石、越前で13万石、紀伊・播磨・淡路で20万石など。また、全国の鉱山を接収している。

日本全国制覇を完成した秀吉は、刀狩り、検地、身分固定化など全国統治の基本を固め、権力を集中する。

④　秀次、養子、妻妾など

天正19年　関白を甥の秀次に譲る。秀次は秀吉の姉「とも」の長男。土佐の長曾我部を牽制するため阿波の三好康長の養子となり三好信吉《のぶよし》を名乗ったが、天正12年羽柴姓に戻し、天正13年秀吉の関白就任と前後して秀次と改名。天正14年豊臣姓を授けられた。

秀吉の正室は北政所（おね）。北政所側近は東殿局《ひがしどの》（大谷吉嗣の母）、執事は孝蔵主《こうぞうす》。北政所は秀吉を補佐、秀吉没後は豊臣家存続のため働いている。

秀吉夫妻には養子、養女多数あり。養子は、秀勝（信長の4男於次丸）、秀家（宇喜多直家の子）、秀次（姉「とも」の子）、秀勝（姉「とも」の子）、秀俊（木下家定の子、秀秋）、秀康（家康の子）、養女は豪姫（前田利家の娘）、前子《さきこ》（近衛前久の娘）、小姫《おひめ》（織田信雄の娘）、小督《おごう》（浅野長政の娘）など。

側室茶々（23歳）は天正17年5月27日淀城（茶々出産のため築城）で鶴松を生む。以降、秀吉（53歳）は茶々も正室とし、鶴松は嫡子とする。茶々は、以降、淀殿と呼ばれる。天正19年8月5日鶴松病没。

秀吉の女好き、姫君好きは有名で、女狂いと評された。側室は16人とされる。著名な女性は、淀殿（浅井長政と市の娘）、次が松の丸殿（京極高吉の娘）、他に、三の丸殿（信長の娘）、姫路殿（信長の弟の信包の娘）、三条殿（蒲生氏郷の姉妹）、加賀殿（前田利家の娘）など。皆、信長系、大大名の姫で、朝廷、公家の姫はいない。大阪城の御奥には常時３００人の女性が居たとされる。

Ⅲ　朝鮮戦役、秀吉の死

1　朝鮮出兵まで

秀吉は朝鮮半島から明に侵攻、征服することを考えていた。秀吉の独創ではなく、信長の唐入り構想を引き継いだものとされ、かなり前からその意思表示があった。

天正14年　秀吉はイエズス会の宣教師ガスパル・コエリョと会見した際に、「日本国は美濃殿（秀長）に譲り、自分は朝鮮と支那を征服し、後世に名を残したい」と言い、「2隻の十分に艤装《ぎそう》した大型船（ナウ）を斡旋してほしい。征服した暁には、至る所に教会を建てさせ、支那人は尽くキリシタンになるよう命じるであろう」と述べている（現実には、コエリョはナウを斡旋しなかった）。

対馬の宗氏は中国、南蛮貿易量が頭打ちとなり、打開策に苦心していたが、天正15年秀吉が九州制圧の際に、朝鮮国王の服属、来日を取り計らうよう宗氏に命じたことで、日本国王使を自称できる立場を得た。

天正17年　宗氏と博多商人島井宗室は朝鮮朝廷から秀吉へ友好使節（通信使）を派遣させることに成功。小西行長は、これを朝鮮臣従の使節来日と秀吉に報告。

11月7日　聚楽第で秀吉は使節に謁見する。秀吉は服属の使者と信じ、朝鮮国王に明侵攻の先導に立つことを命じる。

天正19年　僧景轍玄蘇《けいてつげんそ》が朝鮮に派遣され、朝鮮国王に明侵攻のため道を借りたいと要請。朝鮮は明への侵攻協力を拒否。一方、玄蘇は朝鮮臣僚に、秀吉の真意は明への朝貢であると説明する。朝鮮の協力拒否回答は対馬で止められ、秀吉には届かなかった。

秀吉は明征服後、東南アジア、インドまで征圧するつもりであった。

天正19年9月　イスパニア領フィリピンのルソン総督宛の秀吉書簡は、「入貢、服属しなければ討伐する。自分は、日輪の子（選ばれた人物）であり、世界を君臨する正統性がある」としている。文禄2年11月高山国《こうざん》（台湾）へも同趣旨の書簡を出している。

天正19年10月　肥前名護屋（佐賀県鎮西町）に名護屋城を築造。7層の天守閣を持つ本格的な城であった。

天正20（文禄1）年　唐入り御陣に向け5条の御置目《おきめ》発令　朝鮮侵攻の国内体制固めのため、農民からの動員を定め、欠落、逃亡すれば、親族、在所ぐるみ死罪。徴発農民の留守中の田畑の耕作は郷中の責任とするものであった。

3月　66国人掃令《ひとばらい》　戸口調査令で、村ごとに、家数、人数、男女、老若の別を届けさせ、動員能力を把握。

１５９２（文禄1）年3月　秀吉は名護屋へ。

秀吉の大陸侵攻計画の背景として、北条、東北征討が終り、諸大名に与える新たな恩賞が無くなり、諸大名を秀吉のもとに引き付けておくには恩賞の種が必要であったこと、将来の危険人物の国外へ追出しの思惑が指摘されている。

朝鮮と貿易関係にある宗氏、博多の島井宗室などの商人、小西行長などは大陸侵攻に反対であり、また、多大な出兵負担を課され、半島に渡れば日本へは帰れまいと思う将兵（兵、輸送員を含め15万人が渡海、5万人が死亡。疲労、寒気、疾病によるものが多かったとされる）は多く、彼等は本心は出兵には反対であったが、関白秀吉への密告、その報復を恐れて、大きな反対行動は起こらなかった。

１５９２（文禄1）年3月13日　秀吉は朝鮮渡海の陣立てを発し、7年に及ぶ戦争が始まった。秀吉は、明征服後、秀次を中国の関白として北京周辺に１００国を与える。後陽成天皇を明後年に北京に移し、周辺の40国を進上、皇太子を日本の天皇とし、関白に豊臣秀保《ひでやす》（秀長の養子）か宇喜多秀家、朝鮮には宇喜多秀家か織田秀信（信忠の子、三法師）を置き、八道に武将配置、名護屋には小早川秀秋を置く。秀吉は北京に入った後、寧波《ニンポー》に居所を置き、朝貢貿易を再構築、東南アジアに君臨する構想（三国国割《くにわり》）を示している。

2　文禄の役——壬申倭乱（1592～1596年）

戦の初期

朝鮮半島を経由して明国に攻め入り、領土を得ることが目的であった。

1592（文禄1）年4月　九州、四国、中国地方の大名と九鬼氏などの水軍、総勢15万9千人が9軍に分かれ出陣。軍勢の半分は徴発された農漁民、武士に従う仲間・小者が2～3割で、徴発された農漁民は生きて帰れないだろうと思い、暗い出陣であったとされる。

1軍・宗義智・小西行長等、2軍・加藤清正・鍋島直茂等、3軍・黒田長政等、4軍・島津義弘等、5軍・福島正則等、6軍・小早川隆景等、7軍・毛利輝元等、8軍・宇喜多秀家等、9軍・細川忠興等の陣容で、名護屋在陣は秀吉とその直臣団2万7千、東国の大名7万で、京都の関白秀次の下には近畿、東海の大名10万を配した。

朝鮮派遣軍は、各大名独自の軍団として参加しており、全軍が統制が取れたものとは言えなかった。

小西行長の1軍は、4月13日釜山城、4月14日東莱《トンネ》城攻略、4月27日忠州《チュンジン》で朝鮮のシユリプの軍を破り、加藤清正の2軍と合流。5月3日1、2軍は漢城《ソウル》占領。朝鮮国王李は忠州の敗北を聞き、都落ちを決意、4月30日都脱出、平壌《ピョンヤン》へ移り、明に援軍を要請する。漢城陥落後、侵攻軍は朝鮮8道の分担支配を決め、其々、分担地域に侵攻する。漢城には宇喜多秀家が駐留。小西、加藤、黒田は北進。

5月28日　臨津《イムジン》の戦で朝鮮軍を破り、5月29日開城《ケソン》攻略。小西、黒田は、6月15日平壌を陥し、朝鮮国王は義州《ウイジュ》へ逃れる。清正は咸鏡道《ハムギョンド》へ向かい、7月終りに会寧《ヘリョン》で朝鮮の2王子（臨海君《スンファグン》、順和君《イメグン》）を捕らえ、豆満江《トマンガン》を渡りオランカイまで進んだ後、咸鏡道南端の安辺《アンピョン》に戻り、本陣とする。

水軍では、5月7日藤堂高虎等が巨済島《コゼド》、玉浦《オクポ》で朝鮮李舜臣《イスンジン》に敗れ、5月末泗川《サチョン》の海戦でも日本軍は打撃を受け、海上補給がダメージを受けた。

6月　快進撃の報を受け、秀吉は渡海を表明。家康は、7月は不慮の風が吹く恐れがあるとし、家康と利家を派遣して欲しいと秀吉の渡海を止める動きをとる。後陽成天皇も秀吉に渡海を思いとどまるよう宸翰《しんかん》。秀吉も断念、来春に渡海することとし、石田三成、増田長盛、大谷義継を渡海させ現地軍勢の目付役とし、三成等は7月半ばから漢城に滞在（帰国は文禄2年9月）。8月大政所没、葬儀。文禄2年4月初旬には明から使節が派遣される状況となり、秀吉渡海は無期延期された。

日本軍は帰属する者は保護、抵抗する者は処罰、武力で脅し人質を取り従わせる戦であった。李王朝は日本が本当に侵攻してくるとは考えておらず、侵攻に対する準備が出来ていなかった。また、当時、朝鮮国内は、国家賦役重課、過酷な刑罰から民心離反、官人達は分裂、党争を繰り返していた。日本軍侵攻で、朝鮮は軍事機構、行政は壊滅、無政府状態となり、官人、両班《やんばん》に対する百姓、下人による民衆反乱も起こった。一方、両班層指導による抗日闘争が起こり、日本軍の奥地侵攻に伴い、抗日戦闘は朝鮮各地に広まっていった。

日本の将兵達は、前線で財物の略奪、人を生捕り日本商人に売り、彼等は日本農村や外国へ売り渡された。長崎には強制連行された人々を売りさばく市場が出来ていたと伝えられる。

戦と和平交渉の動き

小西行長は、戦の早期終結のため、日本の漢城攻略前から、明の日本冊封と和平を朝鮮が斡旋をするよう打診を繰り返すが、進展はなかった。

明は朝鮮から援軍要請を受けたが、寧夏《ネイカ》地域（内モンゴル近辺）でモンゴル人の反乱があって軍の主力が出動しており、朝鮮への大規模援軍の余裕がなかった。このため、明の兵部《ひょうぶ》尚書《しょうしょ》石星《せきせい》は沈惟敬《シンイケイ》を登用、日本軍進撃ストップと和平を探らせることとし、文禄１

年９月沈は平壌で小西行長と会見、行長は秀吉の冊封と互市《ごし》承認（朝貢貿易）を要求した。沈は、日本軍の即時朝鮮撤退を求め、行長は撤退するにしても平壌の南を流れる大同江《テドンガン》以南を日本領とすることを主張。沈は明皇帝の回答を齎《もたら》すまで50日間の休戦を提案、相互休戦を約束する。この休戦は明軍集結のための時間稼ぎであった。

50日経過後の11月下旬、沈が平壌訪問。日本が明との通貢を望むなら寧波で許可を求めよ、清正が捉えた朝鮮２王子の返還、平壌・漢城を朝鮮に返し、日本軍は朝鮮から撤兵せよという明の意向を伝えた。行長は朝鮮２王子返還には応じるが、大同江以南は日本領とすると回答。

寧夏反乱鎮圧で、明軍李如松《リジョショウ》が朝鮮援軍に派遣され、和平交渉は停止。文禄２年１月７日李如松率いる明軍４万、朝鮮軍１万に包囲され、小西行長、黒田長政軍は平壌撤退、小早川・吉川の居る開城へ、１月末には、更に、漢城に引き揚げ、２月末には全軍が漢城に引き揚げた。一方、１月27日碧帝館《ビョクジェグァン》で南下する李如松の明軍を小早川隆景、立花宗茂軍が破る。その後の戦況は一進一退であったが、日本軍は兵糧が細り、士気低下。

日本軍の平壌での敗北、碧帝館での明軍敗北で、日明に和議の機運が生じ、３月から行長と沈の和平交渉再開。

明は、日本軍の朝鮮領土からの撤退、清正が捕虜にした２王子返還、秀吉が明皇帝に謝罪すれば、秀吉の日本国王冊封を皇帝に奏上するとした。日本は、朝鮮2王子は返還、日本軍の漢城から釜山まで撤退、開城《ケソン》の明軍は日本軍の漢城撤退を見て明へ帰国、明からの和議使節の日本への派遣を主張した。朝鮮は講和反対であったが、明は講和を望んだ。

4月19日　日本軍は漢城撤退。5月行長、三成は、遼東勤務の謝用梓《シャヨウシ》、徐一貫《ジョイッカン》を明の国使に偽装、彼等を伴い肥前名護屋へ向かい、5月15日名護屋到着。行長は、両名を明皇帝の使節として秀吉と対面させ、秀吉には明から和議の申し出があったと説明する。

秀吉は、明の皇女を日本の天皇妃にする、勘合貿易復活、朝鮮8道の内の4道と漢城を日本に割譲、朝鮮から王子と大臣を人質に出すなどの7カ条の講和条件を明に提示、3年後の文禄5年大阪城での秀吉と明講和使節との会見まで休戦状態となった。この間も前線の派遣軍は朝鮮半島南部海岸での在陣を命じられ、諸大名の戦時負担は続いた。

行長は、6月、熊川《ウンチョン》で明の沈惟敬《シンイケイ》と談合。皇女降嫁は実現不能と見て明宮廷には伝えないこととし、秀吉には「皇女は来日途中で病死したので、代わりに軍馬3百献上」とすることとした。行長は、日明朝貢貿易再開、朝貢貿易のために秀吉の日本国王冊封が必要と考え、「日本は明に服属の意を表し、日本国王への冊封と通商を懇願している。朝鮮に仲介を頼んだが拒否されたので武力行使した」という内容の文を作り、行長の家臣内藤如安《じょあん》を日本国使に偽装、北京に派遣。秀吉には「7ヶ条は明に伝えた」と報告。

文禄3年4月　明、朝鮮要人が西生浦《セイセイホ》倭城の清正を訪ね、秀吉の言った和議条件を尋ね、清正は、明皇帝の公主降嫁、朝鮮4道割譲などを伝えた。7月清正を再訪、行長が封貢要求していると伝える。清正は行長の交渉に疑念を抱いた。

9月　日本は朝鮮の2人の王子、朝鮮北4道を朝鮮国王に返還、明軍主力も朝鮮半島から撤退したが、明の講和への動きがなく、このため、秀吉は戦闘再開、秀次出陣の方針を示した。行長は、秀吉の冊封を朝鮮国王からも明に督促してほしい、さもないと、来年1月には関白自らが兵を率いて来攻すると伝え、圧力をかける。

年末になると、秀吉は、秀次出陣は明後年に延期するとした。現地の兵糧不足の状況を知り、再派兵が無理なら行長の講和交渉に乗り、再攻の時間を稼ごうと考えたとされる。

内藤は3年12月、北京着。4年1月には、明皇帝朱翊鈞《シュショウキン》は、秀吉の日本国王冊封を裁可したが、互市（朝貢貿易）は認めなかった。明宮廷内には、モンゴル情勢の経験から冊封では国の安全は保障出来ないとの反対論も強く、このため明軍部は朝鮮国王に秀吉冊封を皇帝に働きかけるように仕向け、これが奏功したともされる。

互市は許可されなかったが、明の要人は、冊封関係が成立すれば、日本は、屡々《しばしば》、使節を派遣することになろう。その際に、贈り物を持参すれば、当然、回賜がある。その過程で、改めて、互市を求めればよいと助言、行長も納得したとされる。

文禄4年1月　明使、北京を発つ。

文禄5年1月　行長は沈と共に使節を迎える準備で一時帰国。清正が和議を妨害したと秀吉に讒訴。清正は秀吉から遠ざけられた。朝鮮は日本への使節派遣を拒むが、最終的には通信使派遣。

明使節と秀吉会見、二次出兵へ

1596（文禄5、慶長1）年9月1日　大阪城で秀吉は明使の楊方亭《ヨウホウテイ》、沈惟敬《シンイケイ》と面会。明皇帝は日本の内裏の王位を剥奪、北京から王冠と王位を贈り、秀吉を取り立てて「ここに、特に汝を封じて日本国王となす」とする。朝鮮は王子渡日を拒否。

2日　秀吉は大阪城で明使節饗応。その場で、明使が日本軍の全面撤退を求め、これに秀吉が激怒、日明講和交渉は破綻、第2次出兵となった。

「秀吉を日本国王に冊封する」という明皇帝の言葉に秀吉が怒ったというのは林羅山の創作とするのが今日の定説である。行長は秀吉と調整し、秀吉は冊封を受容、朝鮮王子を秀吉の許に出仕させ、占領地を彼に下賜する（朝鮮支配は国王、王子）こととしていた。

明・朝鮮が、日本軍の朝鮮からの全面撤退を求めたことは秀吉の意に反することで、秀吉の怒りを買い、朝鮮二次出兵となったとされる。二次出兵は占領地を慶尚道から全羅道、忠清道に拡大、朝鮮屈服を目指すこととなる。

なお、交渉不調により、行長は、秀吉から首を刎ねることを申し渡されるが、弁明して許され、朝鮮が秀吉の怒りを背負うこととなった。

3　文禄年間の国内情勢――関白秀次失脚

関白秀次失脚

文禄2年8月　大阪城二の丸で淀に秀頼誕生。
秀頼誕生については、受胎時には秀吉と淀は一緒に暮らしていなかった。秀吉が淀の懐妊を知ったのは妊娠7カ月であったなど秀頼が秀吉の実子かについては種々の疑惑説がある。しかし、秀吉が秀頼を嫡子として扱ったことは事実である。
文禄3年1月　聚楽第に関白秀次が入ったため、秀吉は伏見城拡張（文禄1年築城）。12月秀頼は伏見城へ。秀吉は、大阪と伏見を拠点化、一体的把握を考えていた。
文禄4年7月　関白秀次が謀反を企てたとして、関白、左大臣解任、高野山へ追放。7月15日切腹（28歳）。日本外史は、秀次は淫虐、殺生の人物と言われたとする。

8月2日　秀次の妻妾子女39人が京都三条河原で処刑された。多くの秀次付の家臣も切腹。次世代の羽柴一門層を薄くすると同時に、処刑された妻妾子女、家臣はいずれも秀吉に近い有力者の縁者であり、秀吉は配下の者の怨みを買うこととなった。秀次の死で秀吉政権が関白を欠くこととなった。

秀次切腹の疑惑

天正19年8月　秀吉の実子鶴松が夭折すると、秀次は、秀吉から12月に関白職を譲られ一門の後継者となった。

文禄2年に秀頼が誕生。秀吉は秀次を秀頼成人までの中継ぎとし、秀頼を秀次の娘（2歳）と娶せ、豊臣の家督を秀次から秀頼に承継させる考えであったとされる。しかし、自分の没後に秀次がそれを守らないのではないかとの猜疑心に取りつかれる。

文禄4年6月末、秀次が鷹狩りを口実に同志と謀反を密談したという風説が浮上、次いで、秀次と毛利輝元と通謀の噂が流れた。

また、6月に、秀次は喘息で豊臣家の番医曲直瀬玄朔《まなせげんさく》の往診を受けていたが、同じ頃、後陽成天皇（25歳）が鬱で玄朔の治療を受けており、2人の間を玄朔が行き来していた。これを捉えて、秀次が朝廷と謀反を画策しているとも言われた。

7月3日　石田三成、前田玄以、増田長盛等が秀次を詰問、秀次は誓紙を提出、無実を主張した。

しかし秀次は高野山に追放、切腹。玄朔は常陸に流罪となった。切腹は秀吉が命じたとされるが、疑惑を晴らそうとした秀次の憤死との見方もあり、秀次没後の一門の酷い処刑は、秀吉の命じない切腹をした秀次への報復、謀反の見せしめであったともされる。

フロイスの日本史によれば、秀次は若年ながら深く道理を弁えた人、謙虚で短慮性急ではなく、物事に慎重で思慮深かった。暗愚な人物ではなく、本心では唐入りに反対であったと思えるとしている。

今日では、秀次謀反、淫虐は虚構であったと見られている。秀吉の命を受けて三成等が仕組んだか、命は無くとも秀吉の心中を付度して三成等が仕組んだ可能性もあろう。

様々な動き

文禄2年5月　朝鮮出陣の大友吉統《よしむね》（宗麟の子）が、臆病、戦線放棄、退却を理由に改易され、豊後は豊臣の蔵入地とされた。肥前岸岳《きしたけ》城の波多信時、薩摩の出水氏も改易処分を受けた。

文禄4年2月　百万石の大身となっていた蒲生氏郷没。氏郷は文武両道に勝れ、仏教、儒教の教義に通じ、歌、茶を嗜み、信長、秀吉に重用され、家臣に慕われた人物とされる。石田三成の「秀郷に異心あり」との讒訴で毒殺されたともされる。氏郷没後、蒲生氏は会津92万石から宇都宮18万石へ左遷された。

同年8月3日　6大老指名。（徳川家康、宇喜多秀家、前田利家、毛利輝元、小早川隆景、上杉景勝）。

1596（慶長1）年閏7月　京畿大地震。清正が秀吉の許へ一番に駆け付け、その忠節により秀吉は清正の文禄の役での冤罪を赦す。

慶長2年6月　小早川隆景没（65歳）により5大老となる（小早川隆景の没後、後継の秀秋は朝鮮戦役で行動をとがめられ、慶長3年筑前33万石を取り上げられ、越前北ノ庄12万石へ移封された）。

同年　石田三成は嶋井宗室と結託し、朝鮮への兵糧米として筑前に備蓄されていた蔵米を、上方の物価高に乗じて、回送して売却、巨利を得る。

４　慶長の役――丁酉《ていゆう》再乱と秀吉の死

慶長の役

慶長の役は、秀吉としては朝鮮に対する懲罰で、交戦国も朝鮮に限定した。しかし、明は朝鮮支援を継続。明・朝鮮連合軍は戦争準備を整えており、戦は日本優位には進展しなかった。

１５９７（慶長２）年２月　第二次出兵の陣立決定。１番・加藤清正、２番・小西行長、３番・黒田長政ほか、鍋島、長曾我部、毛利、宇喜多など８番編成、12万、在番衆２万併せて14万の軍勢であった。秀吉は、文禄の役の一揆反抗地域として全羅道民の皆殺しを命じており、この地域の被害が大きかったとされる。

７月　藤堂高虎等の水軍が朝鮮水軍を巨済島《コゼド》付近で破る。朝鮮軍内紛で名将李舜臣が失脚、投獄され、ライバルの元均が将となっていた。しかし、この戦で元均は敗死、李舜臣が復活する。小早川秀秋を総大将とする軍が釜山浦着陣、慶尚道、全羅道、忠清道《チュンチョンド》へ侵攻。功名の証として鼻切りが横行したのはこの時からである。

９月７日　忠清道テクサンで激戦、日本の漢城への進撃は阻まれる。

９月17日　藤堂高虎の日本水軍が李舜臣の朝鮮水軍に敗れる。全軍、慶尚道と全羅道南部の海岸付近に築城、侵略地点を維持。
11月　秀吉の命により、蔚山《ウルサン》に加藤清正が大規模な築城開始、島津は慶尚南道《キョンサンナムド》泗川《サチョン》に築城、行長は順天《スンチョン》倭城に入る。
12月下旬　加藤清正の蔚山城が5〜6万の明・朝鮮連合軍に包囲され、兵糧、水が欠乏、危機に瀕した。日本軍は海陸から援軍。
慶長3年1月4日　明・朝鮮連合軍は蔚山城内突入を目指し猛攻するが落せず、全軍撤退。日本軍に追撃の余力はなかった。
この明・朝鮮軍の蔚山城攻略失敗は、明軍首脳、朝鮮政府首脳の更迭を招く。一方、日本側は、宇喜多秀家ら13大名が、石田三成宛、蔚山・順天城放棄、戦線縮小を願い出る。秀吉はこれに激怒、蜂須賀、黒田、小早川、毛利は譴責され、黒田を除く4人は帰国、謹慎を命じられる。一方、三成等3奉行は加増され、秀吉・三奉行と朝鮮出陣衆との間に大きな溝が生じた。日本軍は慶尚道《キョンサンド》、全羅道《チョルラド》南部に後退、沿岸の城郭での持久戦となった。

秀吉の死と朝鮮撤兵

3月15日　秀吉は醍醐の花見。5月から病床に。醍醐の花見における秀吉警護体制は厳しいもので、ここに至り、秀吉が庶民の支持を失っていたことが推察される。

8月5日　5大老5奉行に後事を託す。中村一氏、生駒親正、堀尾吉晴を3中老、片桐且元、小出秀政を秀頼の伝とする。

8月8日　家康と利家を呼び、後事を託す。

8月18日　伏見城で秀吉没（62歳）。労咳、喘息、腎虚《じんきょ》、肺がんとも言われる。辞世「つゆとおち　つゆときえにし　わがみかな　なにわのことは　ゆめのまたゆめ」

秀吉の死を隠して（公表は翌年1月5日）朝鮮半島から撤兵することとなる。各陣、和議が整うまで釜山で待機せよと指令、石田三成、浅野幸長を名護屋に派遣。形だけでも朝鮮と和議を成立させようとしたが、明軍は、蔚山、泗川、順天に同時攻撃。

10月1日　泗川倭城を明・朝鮮連合軍が攻撃するが島津勢が撃退。2日、更に3日夜、両軍は小西行長の順天城を水陸から挟撃するが、明軍和議派が協力せずに失敗、撤兵。秀吉死去と朝鮮撤退指令が10月1日釜山に届き、8日島津義弘、小西行長に届いた。

順天倭城沖合は明、朝鮮水軍が抑えていたが、11月18日明と朝鮮李舜臣の水軍と島津勢が戦い、李舜臣が銃弾に当たり戦死。これをもって戦は幕を閉じ、全軍帰国。12月までに撤兵は完了した。

慶長4年1月1日　前田利家が、伏見城で秀頼を抱いて現れ、年賀の儀礼を受ける。

1月10日　秀頼は秀吉の遺命により淀と大阪城に移る。

4月　後陽成天皇から秀吉に豊国大明神の神号と正1位が贈られ、秀吉は豊国神社に祀られた。

なお、1615（元和1）年5月に豊臣氏を滅ぼした家康は、7月、豊国神社を破却、豊国大明神の神号も廃して、代わって、家康が東照大権現として祀られることになる。

5　秀吉の朝鮮出兵の考察

秀吉の認識不足

秀吉の朝鮮出兵失敗の因は、秀吉の現実認識の欠如による。

明の国力、異文化についての認識の欠如、朝鮮と対馬の関係について朝鮮が宗氏に服属していると思っていたことなど外交の基本知識の欠如。大陸現地の冬の厳しい気候風土への知識不足、兵站線の確保不全、統一した作戦計画不足など戦略面での不足。戦況現実の認識不足、明と小西行長、宗氏などの外交交渉が秀吉に正確に伝わっていなかったこと。前線での武断派と吏僚の不和と秀吉の吏僚への過信。国内、国外の厭戦気分。これらは、秀吉の専制独裁の欠陥に本人の老耄《もうろう》が加わった結果によるものであろう。

国内の実相

朝鮮征討のための渡海は各大名に重い負担を強いるものであった。

秀吉は、朝鮮侵略に当たり、大名が基準以上に、兵、人、兵糧を出すことを自分への忠義として歓迎した。負担は、次第に、大名の限界を超え、大名は吏僚や豪商からの高利の借入れで苦しむことになる。

農民達は渡海を命じられると死を予感した。また、大名の出兵の負担は領国の農民に寄せられ、農民負担は耐え難いものとなった。豊後では領主の大友義統が朝鮮戦役での行動をとがめられ領地を没収されたが、国中の百姓の３～４割が村を捨てるか、行方不明となり、村の耕地の４～５割が荒地となったとされるなど農村の荒廃が広がった。前線、名護屋でも兵達の戦線離脱が広がっていたとされる。

豪商達は、朝鮮戦役で兵糧の輸送、朝鮮からの人・物の略奪商売で潤い、南蛮貿易では鉄砲、大砲、鉛、煙硝の調達、東アジア各地のヨーロッパ人へのパンのための小麦の輸出などで利を挙げ、繁栄した。

秀吉政権末期の様相

朝鮮出兵の頃には、秀吉の頭脳には陰りが生じていたと思われるが、天下を経営していく確固たる機構は構築されておらず、吏僚による側近政治、忖度政治が行われた。側近吏僚の専横への批判、加藤清正・福島正則等の武断派と石田三成等の吏僚派の不和は抜きがたいものとなっていた。

また、政権下の諸大名、将兵、一般庶民の中にも、秀吉政権運営への憤懣、批判が満ちていたが、秀吉自身はそれに気づいていなかったのではなかろうか。

徳川勢力を朝鮮戦役で損なうことなく国内に温存させてしまったことも豊臣政権にとっては禍根となった。豊臣政権は秀吉の死を以て、実質的には終わったと言える。

Ⅳ　秀吉の評価

秀吉は、江戸時代以降、今日でも庶民人気は高い。しかし、政権末期においては、既述のように、その評判は芳しいものではなかった。

１　新井白石、フロイスなどの評価

新井白石の評価

秀吉が時運に乗ることが出来たのは、戦国乱世の時代で勇材詐謀のある人を尚《たっと》ぶことだけを知り、仁義忠孝など知らない時世に生まれ合わせたからである。明智討伐は英雄の行動であったが、信孝の功労少なからざるに、自分の功績と称した。秀信は幼く、信雄暗愚を利用した。信孝と結んだ柴田は北陸で遠くにあり、簡単に信孝を倒した。家康が信雄を助けたため信雄滅亡は目的を達せずして和平となった。丹羽長秀は秀吉に裏切られたことを恥じて自殺した。

こうしたことの天の報いで秀吉の家は２代すら存続しなかった。秀吉の次のような遺風は世を害している。

田地を測るのに古法を変えて1反を300歩とした。古法の1反＝360歩は1歩が1日の食い扶持で1反が1年の食い扶持となり、合理的なものであったが、300歩としたことで民衆は窮乏した。

1銭切り（1銭盗んでも死刑）を始め、刑罰を重くした。信用を取り結ぶのに誓紙を用いた。世の衰えた時にすることである。武家の官位をもってのほか高くした。

邸宅の飾りがもってのほか壮麗になった。虚栄心という太閤家の家風に、忠信、倹約、質素を尊ぶ三河武士が染まった。

フロイスの評価

秀吉は優秀な騎士であり、戦闘に熟練していたが、気品に欠けていた。身長は低く、また、醜悪な容貌の持主で、6本の指があった。抜け目なき策略家で、多くの悪癖と意地悪さ、極度に傲慢で嫌われ者、極度に淫蕩であった。

信長の後継者になるため次の3つのことを行った。

信長の葬儀を紫野大徳寺で盛大に行った。

信長の孫三法師を唯一の正統な後継者と認めさせ、自らがその保護者であることを示し、やがて、万人が秀吉を後継者として認めると三法師を降格した。

安土城を超える大阪城を築城した。

日本外史の評価

太閤は矮《わい》にして黒い。唯、その目光、炯炯《けいけい》として人を射、仰ぎ見るべからざるもの。雄才大略。然れどもその民力を過用して、以て絶嗣《ぜっし》の禍を取るは即ち秦と等し。その速やかに天下を得る所以は、乃ち速やかにこれを失う所以なり。

２　考察

秀吉の天下統一の功績

信長の全国制覇への動きが始まったのは１５６８（永禄11）年９月の足利義昭を擁しての上洛で、本能寺の変に倒れたのが１５８２（天正10）年６月である。この14年の間に、信長は分裂していた近畿、東海、北陸をほぼ勢力範囲に収めている。

秀吉は１５８２（天正10）年６月２日信長横死を知るや、６月13日には山崎合戦を主導して明智光秀を滅ぼし、６月27日の織田氏重臣の会議で、信長の嫡孫三法師を擁したことで織田家中の主導権を握り、10月15日には京都大徳寺で信長葬儀を主宰、翌年2月24日に織田家最大の重臣柴田勝家を滅ぼし、5月2日には信長の息子で出来の良かった信孝を兄弟の信雄が滅ぼし、6月2日には信長の一周忌を主宰する。信長没後、僅か1年の間に、信長の築いた版図を甲斐・信濃を除き秀吉が承継した。権力獲得に見せたこの間の行動、戦略の冴えは見事というほかはない。予めかかる事態の生起を予測し、そのための戦略を用意していたとさえ考えられる程である。

1584（天正12）年の小牧長久手戦後、最大のライバル家康を抑え込む。1585（天正13）年7月11日関白就任で朝廷をバックとした権威を取得、1586（天正15）年4月には九州制圧、1590（天正18）年には関東の北条氏制圧、東北仕置を行い、全国制覇を完成させた。これらの戦は、広大な支配地と財力にものを言わせた圧倒的な大軍勢による攻勢であり、地方の諸大名が抗し得る処ではなかった。

天下統一は信長により路線は引かれており、秀吉はそれを引き継いだだけだとも言われるが、信長の勢力を自らの力で引継ぎ、自分のものとし、天下統一を完成させたのは、秀吉の卓越した才能を物語るものと言えよう。全国統一政権を樹立、戦国時代を終わらせたのは秀吉であった。

朝鮮戦役の失政

その後、目標は朝鮮半島、大陸に向かい、１５９２（文禄１）年に始まる文禄の役。和平交渉が成らず、１５９６（慶長１）年に始まる慶長の役の途中で、１５９８（慶長３）年8月18日秀吉は没した。侵攻は失敗であったが、独裁者秀吉の前には、秀吉が亡くならなければ、朝鮮戦役を止めることは出来なかった。

開明知識を重んじた信長であれば、大陸侵攻の動機は秀吉と同じであっても、より現実的な認識、現実的な戦略を取り、戦果を残したのではないかとも思う。当時の日本軍隊は、その練度、戦術、装備において、世界でも群を抜く存在であった。

秀吉の評価

今でも、秀吉の大衆人気は高い。それは、庶民から太閤にまで出世したことへの憧憬、秀吉・秀頼は最終的には敗者となったことによる同情などによろう。また、徳川時代には家康を東照大権現、神君家康として絶対化、秀吉については、史実歪曲、隠ぺい、出版も自由ではなかった。そうしたことの反動が秀吉人気に繋がったことも挙げられよう。三方ヶ原戦で家康に勝った武田信玄人気も同様の要素があろう。

秀吉は信長に仕え、信長が秀吉を信長軍最有力の将として重用、引き揚げてくれたればこそ、信長の後継者としての地位を得ることが出来たのであり、信長に仕えることが無ければ天下を取ることは出来なかったであろう。秀吉の存在は信長なしには語れない。

然るに、秀吉には織田家を支える意識はなく、三法師擁立も自己の立場を確立するためのものであった。下克上、実力主義、戦国乱世の習いとも言えようが、新井白石の秀吉批判は徳川政権下で平和時の武士倫理の観点からのものではあるが、その指摘には首肯出来る面もある。

トータルとして、信長没後の秀吉の天下掌握への動きは見事であり、瞠目に値することは誰しもが感じるであろう。しかし、天下掌握後の秀吉の独裁専制、専横振りは共感を呼ぶものではあるまい。

豊臣家系図

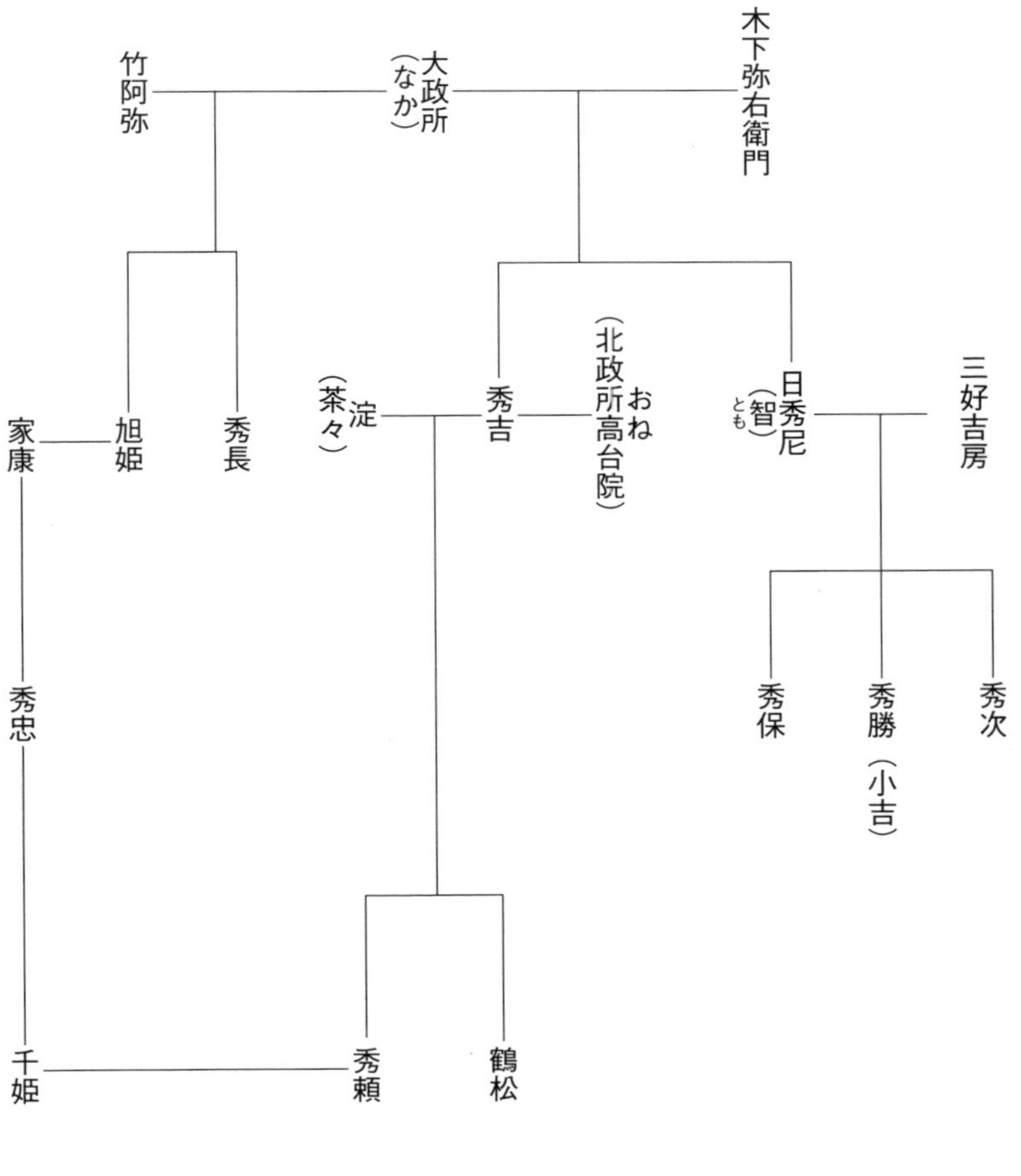
木下弥右衛門
大政所（なか）
竹阿弥
日秀尼（智《とも》）
三好吉房
おね（北政所高台院）
秀吉
淀（茶々）
秀長
旭姫
家康
秀次
秀勝（小吉）
秀保
秀忠
鶴松
秀頼
千姫

朝鮮地図

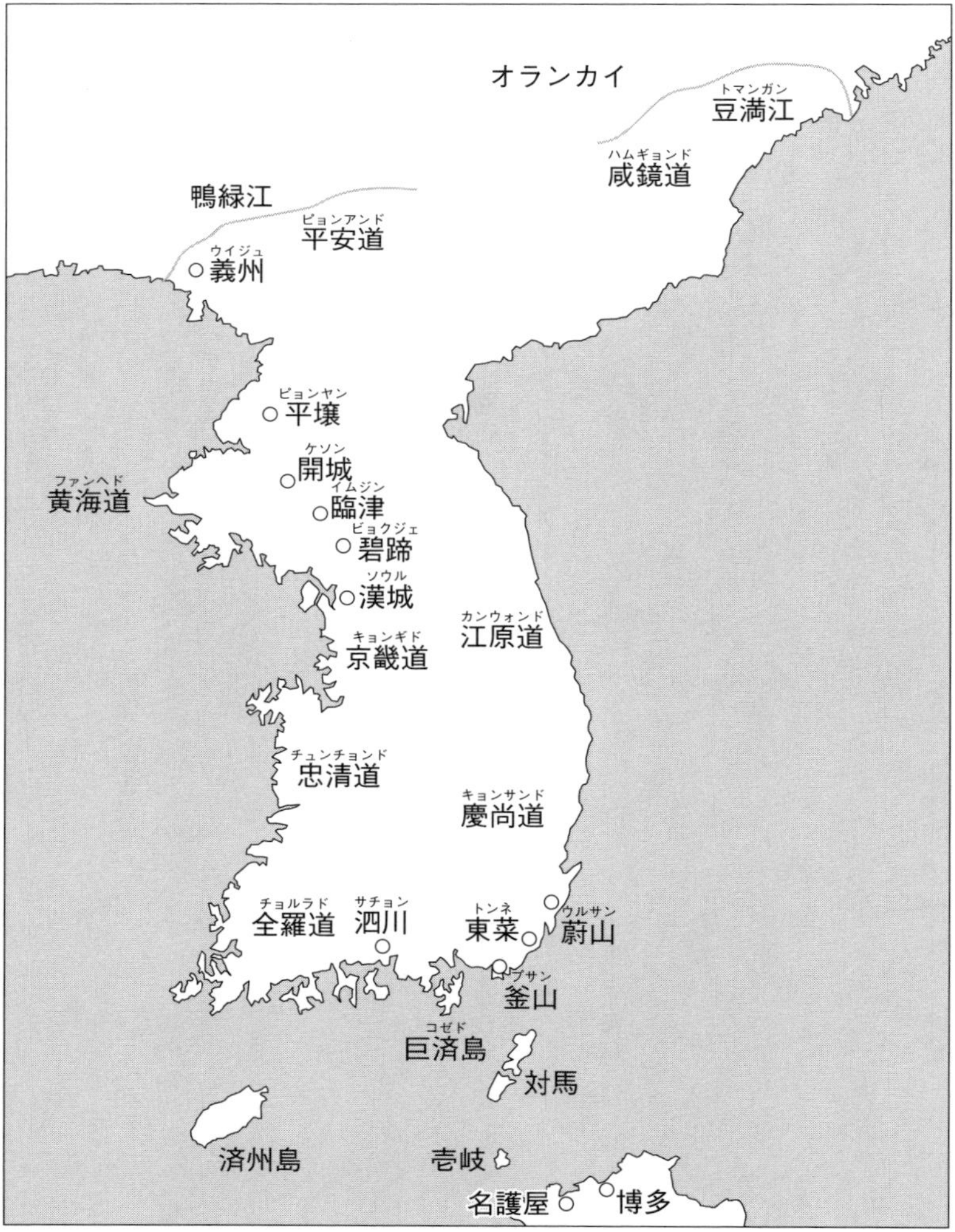

オランカイ
豆満江《トマンガン》
咸鏡道《ハムギョンド》
鴨緑江
平安道《ピョンアンド》
義州《ウイジュ》
平壌《ピョンヤン》
開城《ケソン》
黄海道《ファンヘド》
臨津《イムジン》
碧蹄《ピョクジェ》
漢城《ソウル》
江原道《カンウォンド》
京畿道《キョンギド》
忠清道《チュンチョンド》
慶尚道《キョンサンド》
全羅道《チョルラド》
泗川《サチョン》
東莱《トンネ》
蔚山《ウルサン》
釜山《プサン》
巨済島《コゼド》
対馬
済州島
壱岐
名護屋
博多

第4章

徳川家康――江戸幕府創設

関ヶ原古戦場（岐阜県関ヶ原町）

Ⅰ　信長時代の家康

1　成人までの家康

徳川家の出自

清和源氏を祖に持つ源義家の子の義国は、上野で新田、足利を領有。義国の子の義重が新田を、義康が足利を氏とした。義重の4男義季《よしすえ》が徳川の邑を領有、徳川四郎と称し、その子の頼氏が三河守に任じられ世良田を領有、世良田氏と号した。

3代後の満義、次の政義、次の親季《ちかすえ》は、建武中興、その後の尊氏と後醍醐・義貞の戦で戦死。親季の子の有親《ありちか》（徳阿弥）は息子2人（長阿弥と徳寿）と僧尊観に従って西上。三河大浜村の松平、酒井氏に養われる処となり、徳寿は「凡種に非ざる」として松平氏に養われ泰親と命名され、松平を継いだ。長阿弥は酒井氏となった。泰親は三河国の眼代《がんだい》（代官）に任じられたことから三河守を称し、世良田氏に復した。泰親の次男の信光は和泉守を称し、跡を次男親忠が継承（幼名竹千代）。次を親忠の3男長親が継承、出雲守を称し、西三河を定むとされる（東三河は今川氏親に属す）。長親の長子信忠が跡を継承するが、評判が悪かった。

跡を信忠の長子清康（1511年生、13歳で家督継承）が承継、安祥から岡崎に移る。清康は三河を平定、三葵を徽号《きごう》に使う。甲斐の武田信虎と好を通じる。家臣に討たれて死去。

清康の子、広忠（1526年生）は三河守を称し、1537年岡崎に入る。織田信秀と攻防、今川の救援を仰ぐ。1541年刈谷城主水野忠政とその室華陽院の娘於大を娶り、1542年12月26日岡崎で男子出生、幼名竹千代（家康）。1543年水野忠政没、忠政の子の信元が織田氏に付いたため、広忠は妻於大を離縁。戸田氏から後妻を迎えた。なお、清康は忠政の室の華陽院を奪い、自らの室とし、生まれた娘は酒井忠次の室となる。

1547年　広忠は、織田との戦に今川に救援を求め、救援の質として竹千代（6歳）を差し出すが、織田に通じた外舅《がいきゅう》戸田憲光が途中で竹千代を奪い、竹千代は織田の人質となる。1549年3月家臣に殺害され広忠没（24歳）。広忠亡き後、今川義元は朝比奈泰能《やすよし》を岡崎に入れた。

今川の人質から成人まで

1549年11月　今川義元軍が織田信広（信長の庶兄）の守る安祥城を攻略。今川の軍師僧太原の執り成しで、織田信広と家康を人質交換。家康は駿河の今川氏の許へ送られ、

8歳から19歳までを駿府で、今川の人質として過ごす。

1555年初陣、1556年元服、元信次郎三郎となり、今川義元の妹婿の関口親永の娘（築山殿）を妻とし、僧太原から兵法、学問を学ぶ。16歳で三河に短期間里帰り、名を松平蔵人元康と改める。

1558（永禄1）年　初陣で三河に出陣（17歳）、翌年大高城への兵糧運び込みの功をあげる。

永禄2年　長男信康誕生。永禄3年長女亀姫誕生。

1560（永禄3）年5月　桶狭間の戦　元康は大高城守備。義元敗死、今川勢撤退、5月23日元康は岡崎城に入る。織田勢から攻撃を受けるが退け、岡崎城主として自立した。

2　信長時代の家康

信長と同盟――三河、遠江平定まで

1561（永禄4）年　織田信長、松平元康（家康）同盟。以降、家康は信長の同盟者の立場を信長没まで堅持した。

永禄5年　駿府で人質となっていた築山殿と子女を氏真の従兄弟（鵜殿《うどの》長照の遺児2人）と人質交換で取り戻す。今川氏真は築山殿の父の関口親永夫妻を自害させた。なお、信長への遠慮から築山殿は、岡崎城へ入ることを許されず、１５７０（元亀１）年に岡崎城に入ったが、家康は同年に浜松城に移る。

永禄6年　一向一揆起こる。家康家臣が寺内不入特権を侵害したことに門徒が反発、土《と》呂《ろ》本宗寺、佐々木上宮寺、針崎勝蔓寺、野寺本証寺に門徒が立てこもり、10月下旬から戦闘、翌年2月に終結。6月家康は一向宗寺院に改宗を命じ、拒否した寺を破却。一揆に与した本多正信等を追放（後日、復帰を認めている）。

永禄8年春　三河平定。名を家康と改める。

永禄9年　従5位三河守を得、徳川姓、藤原姓を名乗ることを朝廷から認められた。新田系源氏徳川氏が藤原氏を称したという故事を見つけ、系図を作ることで三河守叙任を得たとされる。従って、冒頭記述の徳川家が新田系源氏を祖とすることには疑問がある。

永禄10年　世子信康に信長の娘徳姫を娶る。

武田信玄から家康に、今川氏真を滅ぼし、大井川以東を信玄、以西を家康が取ろうとの誘いがあり、これに応じて、永禄11年家康は遠江へ侵攻、信玄は駿河に侵攻。氏真は信玄に追われ、遠江掛川城へ。

信玄方の秋山信友が遠江に侵攻、このことで家康は信玄に不信を持ち、信玄と断交。北条、上杉と結ぶ。

永禄12年　家康、掛川城攻略。氏真は北条氏康を頼って落ち、家康は遠江、信玄は駿河を手に入れた。

信長との同盟下の戦

① 信長との同盟下の戦

1570（元亀1）年　家康（29歳）は浜松に移り、岡崎に信康を置く。信長の朝倉攻めに加わるが、浅井の寝返りで信長が窮地に立ち、家康は光秀、秀吉と殿を務める。

姉川の戦に信長側として参戦、朝倉と戦い勝利する。家康に対する信長の心証は上昇。姉川戦は家康にとって初めての大戦で、家康の経験した5つの大戦（姉川戦、三方ヶ原戦、長篠戦、小牧・長久手戦、関ケ原戦）の初とされる。

元亀2年　信玄、3月高天神城攻め、4月足助《あすけ》城を落とし、吉田城に迫る。信長は、信玄に抗するために家康は浜松から岡崎に移るべきと勧めるが、家康は聞き入れず。

元亀3年　信玄西上。10月甲府出発、二股城（天竜市）を落とし浜松へ入り、近辺諸城は信玄に降る。

12月22日　家康は、浜松に近い三方ヶ原で信玄軍4万と戦う。信長からの援軍は佐久間信盛、平手汎秀《ひらてひろひで》の3千、家康軍は信長援軍を合せても1万1千。家康は信玄に完敗し、浜松城へ退く。信盛敗走、汎秀戦死。浜松城の門を敗残兵の逃げ込みを迎えるため開いたまま で、篝火を焚いて待った。武田勢は伏兵を恐れて入らなかったと伝えられる。

三方ヶ原の戦については、信玄は家康の浜松城を無視して通過、無視された家康が怒って出陣し、戦となったもので、家康は信玄の罠に嵌ったともされる。

元亀4年4月　西上途上で信玄没。三方ヶ原戦の後、野田城包囲の際、信玄が城内からの笛の音が気に入り、聞きに出た処を狙撃され、傷を負ったとの伝もある。

1574（天正2）年　武田勝頼2万5千で遠江侵攻、6月高天神城を奪う。8月　次男秀康誕生。

天正3年5月　長篠の戦　信長・家康連合軍は勝頼軍に大勝。武田方の山県、内藤、土屋、真田、小山田、小幡等戦死。

天正5年　家康、4位、右近衛権少将叙任。

徳川実紀には、足利義昭が、越前朝倉・近江浅井・甲斐武田に命じて姉川戦が起こり、甲斐武田・越後上杉・相模北条に命じて三方ヶ原戦が起こり、武田・北条に命じて長篠戦が起こり、毛利を焚き付けたので秀吉の中国征伐が起きた。足利氏は尊氏以来、人の力を借りて功をなし、功なれば別の人間の手を借りて先の功臣を除く手法を繰り返し滅びた。天の定めた運命であると記述する。

② 嫡男信康、室築山殿の死

天正7年4月　3男秀忠出生、母は西郷局（お愛の方）。翌年　同母の4男忠吉出生。信長の命により、8月29日築山殿殺害、9月15日嫡男信康切腹（21歳）。

築山殿が家康の女性関係に嫉妬し、武田勝頼に好を通じたこと、並びに信康の度はずれた乱行を、信康の室である信長の娘徳姫が父信長に訴え、6月に信長に会った家康の家老酒井忠次が、それらを事実として肯定したことによるとされる。

徳川実紀では、「信康が武田に通じて謀反」は真実とは思わないが、信長の命に背けば徳川家は滅亡する。それは避けなければならないと家康は語ったとされる。

元亀1年以来、家康は浜松、信康は岡崎にあったが、信康は武勇に勝れ、家臣に広く人気があり、信康を取り巻く勢力が大きくなった。このため家康と深刻な対立が生じ、家康は信康を除かざるを得ず、家康が信康処断の了解を信長に求めたとする見解もある。

信康の同母妹の亀姫は長篠城の奥平信昌に嫁したが、信昌は武田勝頼から徳川に寝返った人物で、信康はこの縁組に反対し、家康と対立したともされる。

また、天正３年、家康の家臣大賀《おおが》弥四郎が武田と通じ、岡崎城でのクーデターを画策したが露見、処刑された。武田勝頼は大賀の動きに呼応して岡崎城を奪い、織田、徳川勢力を分断しようとしたが、事が露見、長篠城攻撃に矛先を変えた。信長は信康がこれに加担したとみて家康に信康切腹を迫り、家康も陳弁出来ず、酒井忠次も申し開きできず、信康切腹に至ったとの見解もある。

織田、武田への距離感につき家康と信康とは温度差があり、家康はこれを放置しておくことは織田家との関係で好ましくないと考えたためとする見解、信長が自分の息子に比べ信康が優れているため、将来を懸念したことによるとの見解もある。

徳姫は娘２人を連れて織田家に帰るが、後年、厚遇されることなく78歳で京都で没。

天正９年３月　家康、高天神城奪回。

天正10年３月　武田氏滅亡。家康は２月18日浜松城から出陣。遠江小山城、駿河田中城、持船城を開城させる。３月１日江尻城の穴山梅雪が降る。武田滅亡により、家康は信長から駿河領有を認められた。また、家康は多くの武田遺臣を召し抱えたとされる。

③　本能寺の変前後の家康

６月２日　本能寺の変　信長死去。家康は、この時、信長の招きで安土城に赴き、信長の歓待を受け、その後、堺見物を終え、京都に向かう途中であった。先行していた京都の商人茶屋四郎次郎からの知らせで変を知り、伊賀を抜け、伊勢白子から海路帰国。本能寺の変を聞いた直後には、山賊一揆に討たれるのは悔しいので切腹すると言い、家臣に諌められたともいう。穴山梅雪は家康同行を断り、帰国途中で村民に殺害された（家康による殺害との見解もある）。

6月14日　家康は光秀討伐のため尾張鳴海まで出陣するが、光秀と秀吉の山崎の戦は終り光秀敗死を聞き、帰国。

7月3日　甲斐、信濃に出兵。信長配下で甲斐支配を任された河尻秀隆は武田旧臣の一揆に殺害され、穴山梅雪も堺からの帰路に殺害されており、家康は武田の旧臣を臣従させ、甲斐を手に入れた。侵攻してきた北条と衝突するが、10月29日北条氏直と和睦。甲斐・信濃を徳川、上野を北条領とすることで合意。翌年　家康の娘が北条氏直の室となる。

天正11年　家康、正4位下、近衛権中将叙任、翌年3位、参議。

Ⅱ　秀吉時代の家康

1　秀吉との戦

1584（天正12）年1月1日　三河、遠江、駿河、甲斐、信濃の将は浜松の家康父子に賀す。秀吉の勢い盛んで、多くの勢力が秀吉に好を通じる状況であった。織田信雄は秀吉に対抗するため家康を頼り、家康は清洲で信雄と会い、四国の長曾我部、紀州の雑賀・根来と連携して秀吉包囲網を画策。

3月28日　家康は小牧山に布陣。秀吉は犬山城を本営とする。

4月6日　池田恒興、森長可、秀次等が家康不在の三河を襲うべく急襲を企てるが、家康に見抜かれ恒興・長可戦死、秀次敗走、家康勝利。以降、両軍対峙を続ける。

11月　信雄は、家康に断りなく秀吉と和睦。家康は織田家のため戦う名目を失う。

11月15日　家康も秀吉と和睦。12月信雄の斡旋で家康次男於義丸（秀康12歳）を人質として大阪へ送る。

12月　越中の佐々成政が家康、信雄を訪れ、共に秀吉と戦うことを誘うが、２人とも断り、成政の願いは叶わなかった。

天正13年　秀吉は、長曾我部、雑賀、根来、越中を平定。上田で真田昌幸と徳川勢が戦い、徳川勢は利あらず。上杉景勝が秀吉と結ぶ。家康家臣の石川数正が秀吉方へ出奔。秀吉の家康への圧力は強まった。秀吉は信雄を巻き込んで家康に上洛を促すが、家康は一戦も辞さずと拒否を続ける。

天正14年　秀吉は、家康に正室が無いことに付けこみ、妹旭姫との婚儀を家康に迫り、家康了承。

5月　旭姫が家康正室に。旭姫は家康にとっての人質と言えよう。

10月　更に、秀吉の母の大政所を家康の許へ送り（人質として）、家康の上洛を求める。家康上洛。11月2日聚楽第で諸侯の前で秀吉に臣従。家康も秀吉の天下統一に加わった。家康、正3位権中納言叙任。

12月　居城を浜松城（16年間在住）から駿府城へ移す。

2　秀吉政権下の家康

秀吉政権下の家康

1587（天正15）年8月　家康、大納言、従2位。
天正16年6月　大政所（秀吉実母）病、家康は室旭姫を京都の大政所の許に留める。陸奥の伊達氏が家康に好を通じる。
天正17年1月　真田昌幸が子の信幸を家康の質に送る。秀吉は徳川秀康を結城氏に与える。

北条征伐と関東移封——沼田を巡る争い

徳川家康と北条氏政は、信長没後甲信・上野へ侵攻、両者の和睦時に、上野は北条領、甲斐・信濃は徳川領の約定をした。しかし、上州沼田を真田昌幸は北条に渡さなかったため、北条は徳川に訴え、家康は昌幸に沼田を北条に渡し、代わりの地は別に与えようと言ったが、昌幸は従わなかったため家康は真田に軍勢を向けた。一方、秀吉は上杉に命じて真田を助け、家康の軍勢を阻んだ。秀吉の命で真田は北条に沼田を渡し、真田家代々の墓のある名胡桃は真田に残すことで結着したが、その後、北条は名胡桃を奪い、真田はこれを秀吉に訴えた。家康は氏政に上洛、釈明を勧めたが、氏政は聞かなかったとされる（徳川実紀）。

天正17年12月　家康は秀吉から北条攻め前軍を命じられる。

天正18年1月　家康室旭姫病没。

3月　北条討伐のため秀吉軍京都出発。22万余。秀吉は家康の岡崎、駿府城に寄り、小田原へ。家康と信雄が北条と組んで秀吉と戦う噂もあったが、家康は動かなかった。秀吉が、既に、圧倒的な軍事力、経済力を持っていることを家康は理解していた。家康軍は上総、下総、武蔵の諸城を落とす。

北条降伏、秀吉は北条領（武蔵、相模、上総、下総、上野、伊豆250万石）を家康に与え、旧領5国を収公。関東には、安房に里見氏、下野に宇都宮、結城氏、上野に佐野氏、常陸に佐竹氏等があり、北条残党も各所にあった。

7月　家康の関東政権の中心地としては小田原、鎌倉などの論もあったが、都市としての発展性を考え、家康は江戸を領国の中心地に定めた。秀吉から江戸を中心とするよう求められたとも言われる。

同月　江戸に入り、関東各地に直臣を配置。井伊直政、榊原康政、本多忠勝は10万石、大久保忠世、鳥居元忠、松平康元は4万石など。

翌年4月　江戸城修築、江戸市街地造成に着手。江戸は山、谷の多い凸凹の地形であり、上野、本郷、牛込、小石川、麹町、麻布、白金の7つの台地に囲まれ、また、大きな川が無く水源に乏しかった。このため、山を削り低地を埋め、渠《きょ》を穿ち、道を作り、また、小石川、玉川、本所、青山、三田、千川の6つの上水を造った（工事が終了するのは家光、家綱の時代）。天台宗僧侶天海が風水の指導をしたと言われる。

天正19年1月　関東8国の将士、皆、江戸に賀す。

朝鮮戦役と秀吉の死

1592（文禄1）年　朝鮮戦役始まる。

文禄2年8月　秀頼誕生。

文禄4年　秀吉の命により関白秀次切腹。

7月　秀吉から、家康、輝元は秀頼を支えるため京、大阪、伏見に居ることが義務付けられ、また、諸大名は、妻子と共に京、大阪、伏見に集住することを命じられた。また、諸大名は領国に帰る際には、家康か、輝元の許可を得ることとされた。

9月　徳川秀忠（17歳）が、秀吉の斡旋で浅井長政の娘の江（小督23歳、淀の末妹）と伏見城で婚儀。江の方が年上で再婚であったが、江は秀吉の養女となっており、当時の立場は江が秀忠より上であった。
秀吉を頂点とする独裁的秀吉政権の実務は石田三成、増田長盛等の奉行衆が担った。淀が秀吉の寵を専らにし、石田三成、増田長盛、小西行長、大野治長等が淀に付き、北政所の勢力は衰える。
1596(文禄5、慶長1)年 5月9日 家康は秀吉、秀頼に随行して上洛、参内。家康は大納言から内大臣、正2位に、前田利家は中納言から大納言へ進む。
6月 加藤清正が日明講和交渉を妨害したということで秀吉の怒りを買い、日本へ呼び戻される。小西行長を支持する石田三成の画策とされる。閏7月12日深夜、伏見大地震。真っ先に秀吉の許に駆け付けたことで清正は赦される。
9月 明との和議が破れ、朝鮮へ再派兵。
慶長3年1月10日 会津の蒲生氏郷の死に伴い、秀吉は上杉景勝を越後(90万石)から会津(120万石)へ移封。越後には堀秀治、堀直政、村上忠勝、溝口秀勝などが入る。北陸筋を豊臣大名で固めるとともに、奥州の伊達政宗への備えとする秀吉の意図であった。
3月6日 景勝は伏見を発ち会津へ。会津で重臣を支城に配置、国境を固める。
同年6月 秀吉重篤。秀吉は家康に後事を託そうとするが、三成が反対。政治は5大老(徳川家康、前田利家、毛利輝元、宇喜多秀家、上杉景勝)、3中老(中村一氏、生駒親正、堀尾吉晴)、5奉行(石田三成、増田正盛、浅野長政、長束正家、前田玄以)によると定め、前田利家を秀頼の輔役とする。

前田玄以は京都及び寺社の支配、長束正家は豊臣家の財政、石田三成・増田正盛は諸侯の取次を担当し力を持っていた。浅野長政は子息幸長が秀次事件に連座しており不安定な立場にあった。

史料では5大老を御奉行、5奉行は年寄と呼ばれていたともされる。秀吉は5奉行が秀頼を支える年寄として大名の上に立ち豊臣政権を永続させることを望んだであろうが、5奉行にはその力はなく、家康・利家を中心とした5大老が秀頼を支える体制に期待せざるを得なかった。8月秀吉没。

Ⅲ　秀吉没後、家康の覇権への途

1　石田三成との対決

4大老5奉行の家康詰問

秀吉没後、家康は伏見城に入って幼少の秀頼に代わって政務をとり、利家は大阪城に入って秀頼の輔役を務めることとなった。伏見の家康と大阪の利家が豊臣政権の柱であった。三成は秀吉没後、朝鮮撤兵処理のため畿内を離れていたが、慶長4年には畿内に戻り、活動を始める。石田三成と増田長盛は、家康、利家の離間を画策する。家康が豊臣政権を簒奪する怖れありと見てのことであった。

慶長4年1月21日　前田利家等4大老と5奉行が家康を詰問。家康が、伊達政宗、福島正則、蜂須賀家政との間に姻戚関係を結ぼうとしたことを秀吉の遺令に反すると咎めた。この事態に、家康に親しい大名達（池田輝政、福島正則、黒田如水・長政、藤堂高虎など）は、家康を守るため軍勢を率いて家康の屋敷に集まる。

家康は、4大老5奉行を敵に回すのは不利と考え、2月5日4大老5奉行との間で誓詞交換、和解。

その後、三成は家康邸襲撃を計画するが実現しなかった。

細川忠興、加藤清正、浅野幸長の3人が、家康と利家の関係改善を企図、2月29日利家が家康を訪問。その後、家康が利家を訪問、関係は修復された。

閏3月3日　前田利家病没。秀吉没後7カ月であった。利家は家康に秀頼を輔けることを頼み、家康は承知と答えたとされる。その際、利家の次男の利政が家康刺殺を謀るが、兄利長に止められる。

七将の三成襲撃

1次朝鮮出兵の際、秀吉は石田三成等を戦闘監視に派遣したが、三成等の秀吉への讒言行動が出陣武将達の反感を買ったとされる。2次出兵の蔚山籠城戦で加藤清正、黒田長政等の諸将は明・朝鮮軍を大苦戦の末、かろうじて撃退したが、秀吉から監視のため派遣された福原長堯《ながたか》（三成の妹婿）は、諸将が明・朝鮮軍を追撃しなかったことを怠慢として秀吉に報告、黒田長政、蜂須賀家政、浅野幸長等が秀吉から処分を受け、藤堂高虎も戦線縮小を唱えたことから秀吉に譴責処分されたことで、三成達と出陣武将の対立は決定的なものとなっていた。

利家没の閏3月3日、福島正則、藤堂高虎、黒田長政、加藤清正、浅野幸長、細川忠興、

蜂須賀家政7人が三成の制裁、切腹を求めて行動に移る。これを知った三成は懇意の常陸佐竹義宣《よしのぶ》の助けで大阪を離れ、伏見城内の三成の屋敷に入った（家康邸に逃げ込んだとするのは創話）。佐竹は家康の屋敷（向島《むかいじま》）に行き、騒動の収拾を依頼。追ってきた7人を家康が宥《なだ》め、三成には離職、帰国を説いたとされる。毛利輝元、上杉景勝、増田長盛の3人と北政所が家康と三成の仲裁に入り、三成は彼等に解決を委ね、閏3月8日話が纏まり、閏3月10日三成は蟄居となって居城の佐和山に移ったともされる。

7将の三成襲撃の動きは家康の支持を受けたもので、利家の死去を捉えた家康の大阪掌握のアクションと見られている。家康は、ここで三成を殺してしまうと武将達の憎まれ役が居なくなり、ある意味では豊臣政権が安定してしまうので、三成を生かしておいた方が得策と判断したともされる。

日本外史には、三成は上杉景勝と相談、景勝は自分が佐竹と共に地元で兵を集めれば、家康は、必ず討伐のため関東に下向するから、その時に、毛利、宇喜多勢と挟撃すればよいと説き、三成は納得、3月10日佐和山の居城に退くとあるが、その時に、そこまでの計画があったことを示す史料はない。

家康の権勢確立へ

6月13日　家康は大阪城西の丸に入り、政務を見る。北政所は西の丸を家康に譲り、京都に居を移した（三本木の屋敷）。豊国神社が創建され、亡夫の菩提を弔うためであった。利家没、三成政権離脱で、世間は家康が天下人になったと受け止めた。

7月　家康は征韓の諸将（上杉、佐竹、前田、毛利、宇喜多、加藤清正、細川など）を帰国させる。

この時期に家康は自らを頂点とする政治体制を目指し行動する。

淀、秀頼側近の大野治長を謀反の疑いで結城秀康に預ける。

家康暗殺を謀ったとの疑惑が流れ、浅野長政を蟄居させる。

増田長盛から前田利長とその姻戚関係の細川忠興による家康暗殺計画の密告を受け、２人を糾弾。２人は身に覚えのないことであったが、11月忠興は嫡子忠利、利長は母の芳春院を人質として江戸に送り、家康に屈した。さらに、家康は孫娘を次の前田家当主と見られていた利長の弟の利常と縁組させる。

慶長４年末から５年初にかけて宇喜多秀家家中で内紛、家康が裁定。

こうした一連の家康の動きに毛利輝元は沈黙のままであった。

2　関ケ原の戦まで

家康の上杉討伐

1600（慶長5）年に入ると会津との境の越後領で越後の国侍が一揆を起こす。上杉景勝が動いていると考えた越後の堀秀治は2月景勝謀反と家康に報告する。秀治は、景勝転封の際に越後で徴収した年貢を全て景勝に会津に持っていかれ、財政難に陥ったことで景勝を恨んでいたともされる。

家康は景勝に上洛を求めるが、景勝は動かない。京都相国寺僧承兌《しょうたい》（秀吉のブレーンの一人で直江兼続と親しい五山の僧）が景勝家老の直江兼続宛に、景勝謀反の噂があることを伝え、上洛を促す書状を出した。これに対する兼続の返書が有名となった。「景勝に逆心などは毛頭ない。讒訴者を糾明もせずに、いきなり当方に逆心などと言ってくるのは不公平極まりない。上方の武士は茶器を集めて喜んでいるが、田舎武士が槍、鉄砲などの武器を集めるのは当たり前のことで、逆心なければ上洛せよとは馬鹿なことである。……昨年9月に帰国したばかりで、今、上洛しては領国経営は出来ない。夏には上洛する積り。」と反論、上洛を拒否した。直江状は創作との説もある。

6月6日　家康は大阪城西の丸に諸将を集め、会津出陣を指示。

6月15日　家康の意向を踏まえ、三奉行（増田長盛、長束正家、前田玄以）から家康に景勝討伐の出陣命令。

6月16日　家康は伏見城の留守居を鳥居元忠に命じ、18日伏見出発。元忠は、この時点で、伏見城での討死を覚悟したと伝えられる。

従う諸将は、福島正則（尾張清洲）、池田輝政（三河吉田）、田中吉政（三河岡崎）、中村一忠（駿河府中）、山之内一豊（遠州掛川）、堀尾忠（遠州浜松）、加藤嘉明（伊予松前）、藤堂高虎（伊予板嶋）、黒田長政（豊前中津）、寺沢広高（肥前唐津）、生駒一正（讃岐高松）、蜂須賀至鎮《しげよし》（阿波徳島）など。伊達政宗は信夫《しのぶ》口（宮城県）、最上義光は米沢口、佐竹義宣は仙道口（茨木県）、前田利長・堀秀治は津川口（新潟県）から侵攻することを家康は命じた。

これらのうち福島正則、池田輝政、田中吉政などの武将は会津上杉征討途上の東海道筋に領地があり、兵力動員の義務があるが、前述の加藤嘉明から蜂須賀至鎮までの武将は会津から遠隔地の武将で兵力動員の義務はなく、今後、家康に与することを明らかにするための参戦であったとの見方もある。

7月2日　家康、江戸入り。諸将と会同。江戸に20日程滞在。

7月21日　家康、江戸出発、会津へ。奥羽の諸将に参陣すべしと申し送る。上杉の越後攻略、常陸の佐竹の動静は家康にとって気になる処であり、家康の東征は三成の決起行動を見越したものとは言い切れない情勢であったともされる。

三成の動き

・鋭敏な頭脳の三成は、家康が豊臣から天下の覇権を奪おうと着々と動いており、上杉討伐もその一環であることが看取できた。そして家康が大阪を離れたこの時期こそ家康打倒のチャンスととらえた。

三成は自分自身の兵力、威光が家康に劣ることは承知の上、没後間もなくで残存する秀吉の威光と嫡子秀頼を正面に立てて戦えば家康との戦に勝てる、豊臣政権を維持し得ると考えたのであろう。

・まず、家康軍に加わるべく越前敦賀を出て佐和山城を訪れた大谷吉継（家康とも昵懇）を説得、味方に引き込む。吉継は、「景勝を説得し家康と和解させる」と言って三成の決起を止めようとしたが三成の思いを翻意させることは出来ず、「兵略、国富、人望、勇猛な家臣団、団結力では三成は家康に敵うものではない。また、三成の言葉使いの横柄、決断力の無さを指摘、毛利輝元、宇喜多秀家を大将とし、三成は黒子に徹せよ」と説き、「情において偲びず」として三成に味方することを承知したとされる。

三成と吉継は秀吉政権下で主に兵站（補給）で活躍、友情があった。吉継はハンセン氏病を病んでおり、過って、茶会で病の膿を濃茶に落としたが、三成が黙ってそれを飲んでくれたことを一生の恩義として三成に味方したという話があるが、江戸時代の創話とされる。

・7月12日　増田長盛は家康に、三成が大谷吉継と謀って挙兵の噂（7月10日頃の噂）を報告。増田長盛、長束正家、前田玄以の３奉行名で三成への対応のため毛利輝元の上阪を求め、また、淀と３奉行は謀反鎮圧のため家康に反転上洛を求めた。

・一転、7月17日付で三奉行は家康弾劾状13条を諸大名に送る。豊臣家を蔑ろにする家康の専横を糾弾、秀吉の法度を守り秀頼を主とする豊臣政権のあるべき姿を取り戻すべきこと、会津出兵の不当を指弾するものであった。これにより、家康は豊臣公儀の反逆者とされた。７月10日から17日までのうちに、三成と吉継が３奉行、毛利輝元などを説得、味方とすることに成功したことを示している。

西軍（三成勢）は、会津出陣の諸将の妻子を人質として大阪城に入れようとする。逃れる者もあり、細川忠興の室ガラシャは自害。

7月29日　三成、奉行に復帰。

・三成は、真田昌幸に信濃を与えるとの書状を送る。

前田利長は三成に与せず。7月26日2万の大軍で出陣、西軍の山口宗永の大聖寺城攻略、越前に入るが、大谷吉継が利長の本拠金沢を攻略するとの情報を聞き、金沢に引き返す。帰還途中で西軍の丹羽長重の軍に追撃され損害を蒙る。その後、家康からの要請で出陣するが、関ケ原戦には間に合わなかった。金沢攻略の情報は大谷吉継の調略によるもので、吉継の西軍への功績であった。

九州では黒田孝高、加藤清正は三成に与せず。

小早川秀秋の動き

小早川秀秋（北政所の兄の木下家定の5男）は4歳で秀吉の養子となり、北政所に育てられ、秀次に次ぐ豊臣家の承継者とされていたが、鶴松、秀頼誕生で小早川家に養子に出された。

秀吉は毛利輝元に実子がないことに付け入って、秀秋を輝元の養子にと考えたが、それを察知した小早川隆景は、毛利本家への養子を阻むため自分も実子がなかったことから秀吉に秀秋を養子にしたいと申し出たという経緯がある。

秀秋は筑前名島33万石となり、朝鮮戦役（慶長の役）では16歳で総大将として半島に渡ったが、軽挙妄動ありとして秀吉の怒りに触れ、越前12万石に左遷された。秀吉没後、家康の配慮で筑前33万石に復帰している。秀秋は秀吉に疎んじられたと感じ、一方、家康には恩義を感じており、関ケ原戦では早くから家康方になることを表明していたとされる。関ケ原戦の時に秀秋は18歳で若く、重臣の平岡頼勝（黒田長政の従兄弟）、稲葉正成の東軍派と松野主馬《しゅめ》の西軍派が激論の上、東軍側に回ったとの説もある。

北政所が秀秋に「家康に背くな」と言ったともされる。また、浅野幸長と黒田長政（両名とも子供の頃から北政所の世話になっておりそのシンパであった）から秀秋へ「家康への内応」を促す書簡が出されている。大阪城を追われた北政所が置かれている現状を憂い、西軍が勝てばその処遇は更に悲哀なものとなると懸念するので家康に内応すべしというものであった。

こうしたことから北政所は東軍側に立ったとみる人が多いが、北政所は自分が悲哀な立場にあるとは思っておらず、西軍が秀頼のためという以上、秀頼への政権継承のため西軍側に立つのが自らの義務と考え、その立場で動いており（西軍諸将の豊国神社への戦勝祈願に同席、関ケ原西軍敗戦後家康からの報復を恐れ避難するなど）、家康に味方して動いてはいないことが今日では明らかにされている。

家康の対応

7月24日　西軍決起の報が下野小山の家康の陣に届く。

7月25日　軍議（小山評定）。家康は、上方の異変は三成等が幼君秀頼を利用して惹起したもので、自分の秀頼への忠節は変わらない。奸臣三成を討つことは豊臣家の為であると述べ、諸将の妻子が質となっていることでもあり、行動は諸将の自由にと言う。

福島正則は三成を憎むこと大で、家康と共に三成を討つことを主唱、浅野幸長、黒田長政、池田輝政、細川忠興、加藤嘉明等皆賛成、軍を西に返すことが決まった。評定の前に、正則と長政が密談。正則は三成を討つことに異存はないが、その勢いで家康（内府）が豊臣家を潰す恐れはないかと言い、長政は内府にそのような野心はないと確言したとされる。

正則等武功派と三成等吏僚派の豊臣系武将の対立は根深く、朝鮮戦役で明瞭に表面化しており、武功派諸将には三成討伐に異論はなかった。家康は豊臣武将間の分裂をうまく利用したといえよう。

また、小山評定で山内一豊が自分の居城掛川城を内府に自由に使って欲しいと表明、東海道筋の大名がこれに倣ったことで、家康東軍の軍事的展開が容易となった。関ケ原戦後、一豊が土佐一国に封じられたのはこの功績によるとされる。

家康は、上杉に備え、宇都宮に結城秀康を頭に、伊達政宗、堀秀治、最上義光、蒲生秀行、相馬義胤《よしたね》、里見義康などを残し、小山を離れる。軍を２分、家康は東海道から、秀忠は東山道（中山道）から進軍することとし、九州の黒田、加藤に西からの西軍攪乱を指示。

７月25日の家康の軍議は虚構であり、江戸時代に作られたものとの見解もある。

家康が自分が反逆者とされた７月17日発出の家康弾劾状を知ったのは７月末であった。弾劾状により25日の小山評定の諸将の誓約の前提が崩れ、豊臣系武将がどう動くかは極めて微妙な情勢となり、家康は様々な調略を行いつつ情勢の推移を見極めることが必要となった。

７月30日　井伊直政、本田忠勝を目代（目付）として、藤堂高虎、福島正則、池田輝政に西上を命じる。８月５日に江戸に戻った家康は、８月上、中旬江戸にあって調略を勧めつつ、情勢を見定めている。うかつに西上、清洲城などに入れば、豊臣系武将の反逆に会う恐れもあった。

家康が江戸を発つのは、景勝が関東に向かわず、伊達、最上領侵攻に進んだことと岐阜城陥落で自分に流れが来たと判断した時点である。

3　関ケ原の戦

関ケ原の戦

①　前哨戦

・8月1日　西軍（宇喜多秀家、島津義弘、小早川秀秋、石田三成等）は家康の重臣鳥居元忠の守る伏見城を落とす。元忠戦死。

同日　秀家、三成は大阪城で秀頼に拝謁、輝元、三奉行と一同に会す。

8月5日　大阪城で軍議　北国口、美濃口、伊勢口に軍勢を送ることを決定。

北国口は、越前に大谷吉継、細川幽斎の丹後田辺城包囲。美濃口は、石田三成・小西行長・島津義弘等、8月10日三成、大垣城に入り、近江佐和山城には島津義弘等。伊勢口は、8月19日長曾我部盛親・長束正家・吉川広家等3万が伊勢安濃津《あのつ》城（津市）包囲、8月27日開城。

8月13日　東軍福島正則、池田輝政等が清洲城に集結。正則等は、家康が江戸をなかなか動かないのは「自分達を三成にぶつけ、家康は漁夫の利を得ようとしているのではないか」と疑い、批判。これに対して、家康は「それは貴方方が中々動かないからだ」と使者の口上で伝えたとされる。

豊臣系武将は家康弾劾状が出され、動き難い状況にあったが、その中で、福島正則は家康との約束であるとして岐阜城攻略に動く。岐阜城を守る支城犬山城は家康の調略で東軍方となり、竹の鼻城は落城、支城を失った岐阜城は8月23日落城。城主織田秀信（三法師）は高野山に逃れる（数年後に没）。東軍が岐阜城を落としたことで戦局は東軍優位へと動いた。

東軍は赤坂岡山（大垣市赤坂）に布陣、4万4千。西軍の大垣城には、三成等に加え、伊勢方面から宇喜多秀家、毛利秀元、吉川広家、長曾我部盛親等も入城。加賀、越前方面から大谷吉継も美濃に入る。東西両軍のにらみ合いが続く。

家康は豊臣武将を中心とする東軍が出動後短時日で岐阜城を落しことを知り、家康・秀忠父子が着くまで動かないことを命じ、急ぎ江戸を出陣。勢いに乗った豊臣系武将が三成軍を破ってしまえば、家康の軍事的、政治的立場が弱体化するとの懸念があったとされる。

・8月24日　秀忠は徳川主力軍3万8千を率いて出陣。本多正信、大久保忠隣《ただちか》等が従った。

小山評定では、真田を始めとする信州方面の西軍勢力を平定し、美濃・近江辺りで東海道侵攻の家康と合流して西軍との決戦に臨む予定であった。

秀忠軍は9月1日信濃に入り、会津征伐から離反した真田昌幸、信繁（3千）討伐のため上田城を攻めるが攻略に手間取る。秀忠は9月9日家康から直ちに上方へ進攻せよとの指令を受けたが、当初の方針が尾を引き、遅れ、塩尻を過ぎた辺りから急を知って急ぐが、関ケ原戦に間に合わず、家康の叱責を受けることとなった。

・真田幸村の本名は信繁、信玄に心酔した父昌幸が信玄の弟の信繁の名を付けたものとされる。信繁は兄信幸と1歳違いで1567（永禄10）年生まれ、1615（慶長20、元和1）年没。1570（元亀1）年、元亀3年生まれ説もある。信繁は、武田氏滅亡後、滝川一益（織田）の人質、上杉景勝の人質、秀吉の人質と転々とするが、秀吉の下で旗本（馬廻役）に取り立てられ、1万9千石を給された。

文禄3年4月には昌幸が従5位下、安房守、11月には兄信幸が従5位下、伊豆守、信繁が従5位下、左衛門佐《さえもんのすけ》に叙されている。信繁は、関ケ原戦前に大谷吉継の娘の竹林院殿を正妻とする。石田三成は真田一族と秀吉の取次を務めていた。

家康の上杉討伐の命令を受け、昌幸、信幸、信繁は上杉討伐に参加すべく慶長5年7月下野宇都宮に向けて出発したが、その途中で三成から家康弾劾の書状が届く。対応につき3人は相談、嫡男信幸は「家康の殊遇《しゅぐう》を受けているので東軍につき、西軍敗れれば父弟のため命を乞う」とし、次男信繁（幸村）は「太閤の旧誼に背くべからず、西して死すとも、東して生きず」と述べ、父の昌幸は「2人は好きなようにせよ、自分は西に与する」としたとされるが、史料は無く、やり取りは後世の創作とされる。

３人の身の処し方には、昌幸の娘は三成の義弟の宇多頼次の妻、信幸の妻は家康の養女（本多忠勝の娘、小松殿）、信繁の妻は大谷吉継の娘という姻戚関係も影響していよう。

昌幸が上田城へ引き上げる途中で、嫁、孫との最後の別れのため信幸の居城沼田城に立ち寄った処、信幸の妻の小松殿が、信幸が家康に味方した以上、敵方の昌幸を城内に入れる訳にはいかないと城門を開けなかったとの逸話があるが、小松殿は、当時、大阪で西軍の人質になっており沼田には不在で創話とされる。

・９月１日　家康は岐阜城陥落の報を聞いて２万５千の軍で江戸出陣。11日清洲着、14日赤坂着。

石田三成は、大阪の主力部隊を率いての毛利輝元の出陣を要請するが、輝元は動かず。輝元は、西軍から東軍（家康）への離反が広がっている情報を入手、情勢を見ていたとの見方もある。

９月11日　大垣城には、宇喜多秀家、小西行長、島津義弘等３万５千。南宮山山上に毛利秀元（輝元の従兄弟）、吉川広家、安国寺恵瓊など毛利勢、南宮山南麓金屋村に小早川秀秋軍が布陣。南宮山は急峻で布陣には不便な処であり、毛利勢は、戦局の展開如何では不戦選択と見られていたともされる。

西軍の大垣城での評定は、城を守りつつ輝元軍と挟撃すべきの論（宇喜多秀家）と西軍は東軍の倍の軍勢であり、出て戦うべしの論（三成）があった。これを知った家康は、三成勢を大垣城から誘い出し、得手とする野戦に早く持ち込むため、「東軍は佐和山、大阪に向かう」の噂を流したとされる。西進すれば関ケ原を通過することになり、関ケ原が戦場となる情勢となった。

家康は、輝元出陣の噂もあり、決戦を急いだとの見方もある。

9月14日夜　家康軍が佐和山に向かうとの噂を聞き、西軍は関ケ原で戦うこととする。総勢西軍12万8千、東軍7万5千。しかし、西軍の小早川秀秋、吉川広家等の毛利勢は東軍に通じていた。

②　関ケ原の戦

9月14日深夜、三成等西軍は決戦のため関ケ原に移動。追いかけて東軍も関ケ原へ移動。京極高次（近江大津6万石、淀の妹の初の夫）は、当初は西軍に加わり北陸に転戦するが、9月3日東軍に寝返り、大津城で3千の兵で立花宗茂・毛利元康・毛利秀包《ひでかね》軍1万5千を防戦、9月14日和睦、9月15日高次は高野山に向かう。このため西軍の猛将立花宗茂は関ケ原戦に間に合わず、関ケ原西軍勢力にダメージとなった。

9月15日（新暦10月21日）午前8時　東軍の井伊直政、松平忠吉《ただよし》隊が宇喜多隊に攻めかかり、先陣とされていた福島隊が発砲、関ケ原の戦闘が始まる。西軍の配置は、東軍の左後方の南宮山に毛利勢、右前方の松尾山に小早川秀秋、正面に大谷、石田、宇喜多、島津などが陣を構えており、３方から東軍を攻撃すれば西軍必勝の陣立てであった。戦が始まり、正面の大谷、石田、宇喜多等は奮戦、東軍を押す。

三成は島津義弘隊に出撃を求めるが動かない。南宮山の毛利勢は吉川広家の策謀で動かず、松尾山の小早川秀秋も動かない。正午、家康は小早川秀秋の陣する松尾山に一斉射撃（問《とい》鉄砲と称される）、これを切っ掛けに、秀秋が西軍大谷吉継を攻撃。脇坂安治（既に家康に調略されていた）、朽木《くつき》元綱も東軍に寝返り、大谷吉継は敗れて自害（42歳）。午後２時頃に西軍の敗北が決まった。

島津義弘軍１６００人は参戦せず、戦闘終結後、戦場の中央を通って撤退、東軍の猛追を受ける。敵が追いつくと小人数の決死隊を残し、彼等は全員死ぬまで戦い、味方を逃がすことを繰り返す（捨《す》て奸《かまり》）戦術で戦場離脱、薩摩に帰還した。生き残った人数は義弘以下80余名とされる。

関ケ原戦の東軍の先鋒は福島正則、藤堂高虎、黒田長政、細川忠興、加藤嘉明、池田輝政、山内一豊など殆どが豊臣系武将で、徳川武将は松平忠吉と井伊直政の数千のみであった。徳川勢は２~３万あったが家康の本陣を守る体制を取っている。秀忠の率いる徳川主力部隊は間に合わず、関ケ原戦の戦功は豊臣系武将のものとなった。

③　関ケ原の戦についての様々な考察

・関ケ原の戦の推移については、9月15日早朝、単独で関ケ原最前線にあった大谷吉継軍を家康軍が攻撃。これを大谷軍の背後にあった小早川秀秋軍（松尾山山上ではなく、松尾山の前の小高い丘に移動していた）が挟撃、大谷吉継戦死。午前10時頃、関ケ原山中村にあった主力本隊（石田三成、宇喜多秀家、小西行長、島津義弘など）を東軍が正面攻撃、12時頃には西軍の敗北が決まった。問鉄砲は創作話であるとする見解もある。

・三成は、以前から関ケ原が戦場になると想定、野戦陣地を構築していた。三成としては関ケ原で戦うことは予定の行動であり、家康の流した噂で関ケ原に誘き出されて戦ったわけではない。野戦陣地が構築されていたので西軍は善戦したともされる。

関ケ原の地元領主竹中重門《しげかど》（竹中半兵衛の子）は、当初は三成に味方したが、西軍の岐阜城陥落と家康の調略により東軍に寝返り、三成の関ケ原構築陣地の詳細を家康に知らせ、三成敗北に繋がったともされる。

三成は松尾山城を、家康の大阪攻略を阻む最後の拠点と考えていたが、家康に与すると見ていた小早川秀秋が松尾山に陣したとの報で大垣城から関ケ原に急行したとの見方もある。

・西軍の敗北の最大の因は、毛利、小早川の裏切りによる。小早川秀秋の裏切り2万（含、付随した諸将の裏切り）、毛利勢は家康に与した吉川広家の調略で動かず、関ケ原での西軍は正味3万3千であった。西軍が全軍で動いていれば西軍勝利の可能性は大きかったと見られている。

・多くの人は、東西陣営の決着が、関ケ原の戦一日で着くとは思っていなかった。三成は関ケ原で敗れたが、大阪城には毛利輝元軍3万5千、立花宗茂軍がおり、また、東軍にも秀忠軍3万8千が残っていた。また、大阪城で秀頼を前面に立てて輝元が戦えば、東軍の秀吉方の諸将は西軍に味方する可能性があり、家康はこうした事態となることを恐れていた。そうはならず、東西の決着が着いてしまったのは、西軍総大将毛利輝元の西軍勝利への決意の不足と三成の実戦経験の不足（三成は、関ケ原で敗れても、直ちに大阪城に入ることを考えるべきであった）によるともされる。

戦後処理

①　関ケ原戦直後

9月17、18日　三成の佐和山城攻略。9月21日、三成は伊吹山中で捕まる。

毛利輝元は戦うことなく大阪城を退去する。輝元には、吉川広元を通じて、関ケ原戦前から家康側の「毛利本軍が動かなければ毛利の本領を安堵する」との知らせが届いていた。関ケ原戦後、家康は黒田長政、福島正則に命じ、輝元宛に「吉川広家、福原広俊（毛利家老）が関ケ原で家康に忠節を尽くした（参戦しなかったこと）ので、家康は輝元を疎かに思っていない」との手紙を書かせ、福原広俊を輝元の処に派遣。輝元は領地を安堵されたと思い、戦うことなく大阪城を離れたとされる。

しかし、10月2日安堵は反故にされ、毛利取り潰しの方針が示される。吉川広元の家康への執り成しで、120万石の大大名から周防・長門36万石に減封されたが、毛利家は存続を得た。

明確な目的を持ち、武力と調略で事を成し遂げていく家康と比べると、輝元は、戦国大名としての戦略眼、器量に劣る人物と見られている。

9月27日　家康は本丸で秀頼に戦勝報告、西の丸に入る。

10月1日　石田三成（41歳）、小西行長、安国寺恵瓊、六条河原で斬首。安国寺恵瓊は毛利勢全体の責任を負わされたとの見方もある。

宇喜多秀家は伊吹山中に隠れた後、島津義弘を頼り薩摩に逃亡、3年を過ごしたが、1606（慶長11）年4月八丈島に流罪。秀家の妻が前田利家の娘であることから前田利長、島津忠恒が助命に動いた。

関ケ原戦は、家康と家康による豊臣政権簒奪を阻止しようとする石田三成の戦であったが、秀頼、淀は三成を見殺しにしたと言えよう。また、勝者徳川により三成の実像をかなり歪曲されているとも言われる。

三成の嫡出子のその後であるが、長男は出家、次男は津軽に逃げ、杉山源吾と改名、三男は出家している。長女は山田隼人正勝重（松平忠輝の重臣となっている）の妻、次女は上杉家岡半兵衛重政の妻、三女は慶長５年に北政所の養女となり津軽藩２代目信枚《のぶつら》の後妻となり上州大舘（太田市）に住み32歳で没。

②　会津、九州情勢

奥州では上杉が山形に侵攻、最上義光と戦うが、西軍敗北で10月１日兵を退く。景勝が矛先が東北に向け、関東へ侵攻をしなかったのは景勝と三成の間に戦略連携が無かったことを示すとみられているが、景勝は、戦はまだこれから先も続き、これで家康の天下が決まるとは考えていなかったともされる。

九州では黒田孝高、加藤清正が豊後、肥後、筑後を攻め、薩摩国境まで攻め込むが、家康からの「島津降る」の知らせで収束。清正は長崎でポルトガル・スペイン宛に小麦を輸出、鉛、硝石などを買入れ、国内で売却し、富の蓄積があったと言われ、孝高は九州を制覇し、関ケ原の勝者と決戦の積りであったと言われる。

③ 関ケ原戦の位置づけ

関ケ原戦は三成の謀反で豊臣と徳川の戦ではなく、秀頼には責任はないというのが家康、淀の公式見解であった。内実は、徳川政権樹立を目指し、家康が邪魔者を潰した戦であり、家康の目的は達せられた。

豊臣恩顧の大名にとっては、関ケ原戦は豊臣政権のための戦で、家康は秀頼の大老という認識であったが、現実の実力者は家康であった。

大老の上杉、宇喜多、毛利は敗北側、前田利家は没しており、戦の論功行賞は大老として1人残った家康の独断で行われたが、恩賞は家康の使者が伝える形式で、家康から正式の宛行状、知行目録は発給されていない。この段階では豊臣が公儀であり、家康の名で領地朱印状は発給できなかった。

④ 改易と恩賞

改易　石田三成（斬首）近江佐和山19万石、増田長盛（高野山へ追放）大和郡山20万石、長束正家（斬首）近江水口12万石、宇喜多秀家（薩摩へ逃げ、後に八丈島遠島）備前57万石、小西行長（斬首）肥後宇土20万石、長曾我部盛親（斬首）土佐22万石、織田秀信（高野山へ）岐阜美濃13万石等80余家で４００万石。

所領削減　毛利輝元　安芸１２０万石から周防・長門37万石へ、上杉景勝　会津１２０万石から出羽米沢30万石へ、佐竹義宣　常陸54万石から出羽秋田20万石へなど。

豊臣の蔵入地は40国２２２万石から摂津・泉・河内の65万石へ（秀頼直臣の知行地は西国一帯に広く存在、それらを併せると百万石は超えたとされる）。

改易と所領削減は併せて６００万石、全国１８５０万石の三分の一に相当。

加増は１００人余。半数は外様大名で４００万石。福島正則　尾張清洲20万石から安芸広島49万８千石、加藤清正　肥後隈本25万石から同52万石、小早川秀秋　筑前名島33万石から備前・美作51万石、浅野幸長　甲斐府中21万７千石から紀伊和歌山39万５千石、池田輝政　三河吉田15万２千石から播磨姫路52万石、山内一豊　遠州掛川６万８千石から土佐浦戸20万２千石、黒田長政　豊前中津18万石から筑前福岡52万３千石、田中吉政　三河岡崎10万石から筑後柳川32万５千石、細川忠興　丹後宮津23万石から豊前中津39万９千石など西国は外様大名一色となった。

徳川一門と譜代で加増２００万石。結城秀康　下総結城10万石から越前北ノ庄68万石、

4男松平忠吉　武蔵忍10万石から尾張清洲52万石、井伊直政　上野箕輪12万石から近江佐和山18万石、本多忠勝を伊勢桑名、奥平信昌を美濃加納、石川康通を美濃大垣に配置。北に対しては、一門の武田信吉を常陸水戸15万石、鳥居忠政を陸奥磐城平10万石に配置。陸奥磐城から東海道筋、北伊勢、近江、越前を一門、譜代で抑えている。

直轄領は400万石。佐渡金山、石見・生野銀山、伊豆金銀山、常陸金山などの鉱山、京・伏見・大津・堺・尼崎・奈良・山田・長崎を直轄とした。京都所司代を置き、公家、西国大名監視、長崎奉行所には外国貿易を管理させた。

領地配分の結果、徳川勢力、加藤・福島・浅野などの豊臣武将、伊達・島津・鍋島などの旧来の外様大名が全国1850万石の三分の一ずつを占め、また、徳川勢の領地は関東、東海、近江、越前に留まり、西国は全て豊臣系武将と外様大名領で占められることとなった。

家康の支配領地は全国の三分の一、西国には領地がない。豊臣秀頼を主君と仰ぐ加藤清正、福島正則、浅野幸長などの有力豊臣大名が存在、彼等は家康を武将の頭領とは思っているが、家康に秀頼を倒すような動きがあれば秀頼側に立つと見られた。家康の天下、自らの覇権確立へ向けての仕上げは、こうした環境の中で進めることとなった。

Ⅳ　家康の覇権確立

1　家康の覇権確立へ、徳川幕府開設

１６００（慶長５）年９月27日　家康、大阪城で秀頼に謁する。
10月15日　大阪城で家康と豊臣家の和睦の盃事。淀は三成等の西軍に自由を奪われていたとして責任追及せず、責めは不問とした。淀と秀頼は上座、家康は下座で、豊臣が公儀であった。

秀頼は８歳であったが、成人となれば関白に任官する存在、天下の政治を主宰すべき存在であり、家康は実力第一人者であるが、豊臣の大老、秀頼の補佐役と当時の世間では認識されていた。

慶長６年１月　家康は大阪城西の丸にあり、諸大名は家康に年賀。
３月　秀忠、大納言叙任。４月秀忠、江戸へ帰る。
７月　上杉景勝、上洛、降伏、８月米沢30万石へ。直江兼続を咎めず。
11月　家康、江戸に帰る。
慶長７年３月　家康、大阪へ。

7月　天下普請（諸大名動員）で二条城築城。
8月　家康生母於大の方没。伝通院建立。
10月　家康、江戸へ帰り、11月上洛。
同月　小早川秀秋病没（21歳）。領地没収。
前年には稲葉正成など多くの武士が備前の秀秋の許を去っている。秀秋は家臣の諫言を聞かずとされる。関ケ原での裏切りで西軍敗北、領地を没収された西軍大名、家臣の怨みを買い、良心の呵責に耐えられずの死とされる。
12月　宇喜多秀家が薩摩に居ることを島津忠恒が家康に告げ、八丈島に流罪。
1603（慶長8）年2月　家康（62歳）、征夷大将軍宣旨、右大臣に。源氏長者となる。
3月27日　二条城で将軍宣下。家康は豊臣の臣下を脱して、家康と徳川家を頂点とする永続する支配体制を構築。秀頼を頂点とする豊臣公儀体制は継続しており、両者が併存することとなった。
加藤清正、福島正則等の豊臣系大名達は家康の武将としての器量は認めており、家康が大名達の頭領であることには異存がないが、彼らの秀頼への忠節はそれとは別のものであった。

3月　家康は加藤清正・細川忠興・前田利長・伊達政宗等に江戸市街地造成工事を命じる。

4月　秀頼、正2位、内大臣（11歳）。家康が将軍になると同時に秀頼が関白になるとの噂もあった。内大臣任官であったが、秀吉、秀次も関白任官前に内大臣となっており、秀頼に関白になる資格が与えられたことになる。

7月　家康の孫娘千姫、秀頼に嫁す。家康は、この婚儀により徳川家と豊臣家の共存一体化を図ったものと解されている。当時、家康は秀頼を徳川家親藩の一つとして残す積りであったと見られている。

10月　家康、右大臣辞任。江戸へ帰る。

11月　北政所に朝廷から高台院の院号下賜。

慶長9年3月　家康上洛。

3月　黒田如水没。没前に「関ケ原戦が百日に及べば、西国を切り上り、天下を併合したものを」と述べたという。

7月　家光誕生。乳母に光秀の臣であった斎藤利三の娘（春日局）。

母は美濃三人衆といわれた稲葉一鉄の縁戚。尾張義直の生母於亀の方（春日局と姻戚）の推挙による。春日局は、以降、前夫稲葉正成はじめ一族を登用、三成の次女の娘の「お振の方」を養女として家光の最初の妾としている（1643年没（65歳））。なお家光は家康乃至秀忠と春日局の子であるとの説もある。

藤堂高虎、江戸に邸を構え、質を置き、諸公これに倣う。

慶長10年1月　家康上洛。

2月　朝鮮使節来日、朝鮮の捕虜返還。

4月　家康、将軍辞任。秀忠、征夷大将軍に。内大臣、正2位。家康を大御所と称す。秀頼、右大臣に。家康は将軍職を秀忠に譲ることにより、将軍の地位は徳川家が代々世襲していくことを天下に示した。

5月　秀忠の将軍宣下を祝うため秀頼の上洛を促すが（秀頼に臣下の礼を求めたことになる）、淀の反対で実現せず。秀頼の大名としての存続を願う北政所、孝蔵主《こうぞうす》が説得に赴くが、淀は家康が「秀頼を秀吉の後継者とする」との秀吉との約束を反故にしたとして反発したとされる。家康は6男松平忠輝を将軍名代として秀頼の許へ派遣。

6月　秀忠、江戸へ帰る。10月家康、江戸へ帰る。

大久保長安、佐渡、石見、伊豆の金銀鉱山から利を挙げる。

慶長11年　家康、朝廷修築（結城秀康担当）。

3〜5月　江戸城大修築。外様大名（藤堂、池田、福島、加藤、黒田、浅野、細川等）、

一門、譜代大名動員。広壮なること天下一とされた。
４月　武家の官位は幕府の推挙なしには賜らないよう朝廷に要請。秀頼からの奏請を封じた。
10月　家康、江戸へ帰る。
慶長12年１月　駿府城普請開始。７月天守完成、家康居住。木曾材が海路桑名経由で、陸送は富士川経由で駿府へ運ばれた。
３月　尾張松平忠吉《ただよし》病没、家康９男義直、尾張承継。
４月　越前北ノ庄（福井）68万石、結城秀康病没（34歳）。秀康は秀吉への哀惜の念が家康へのそれより強かったともされる。
家康側近は、本多正純、成瀬正成、安藤直次、大久保長安、金地院崇伝、南光坊天海、林羅山など。
夏　東北大名に江戸城天守閣を造らせる。
12月　駿府火災。直ちに復興、13年８月竣工。火災は豊臣の手の者が家康を焼き殺すための仕業であったとされ、家康の心境に変化が生じたともされる。
慶長13年　丹波八上城主前田茂勝発狂、改易。常陸笠間城主で譜代の松平康重が入り、14年丹波篠山に篠山城築造。同年譜代岡部長盛を丹波亀山に移封、亀山城築城。

13年　伊賀筒井定次を行跡不良で改易。伊勢安濃津城主富田信高を伊予今治に移封。今治から家康の信任厚い藤堂高虎を伊賀・伊勢22万石領主として安濃津城に移封。
この一連の移動は大阪城秀頼包囲戦略の一環であったとされる。
諸侯の妻子尽く江戸へ、これを永世とする。西の諸侯に戦艦造船を禁ず。島津の琉球侵攻許可、琉球王家は島津の臣隷となる。
慶長14年12月　家康10男頼宣を駿河・遠江50万石、浜松に。11男頼房を水戸25万石に。
慶長15年　義直のために名古屋城築城。秀頼、徳川家の要請で方広寺を興す。
慶長16年3月　京都の内裏造営。家康上洛。供5万。
4月　後陽成天皇譲位、後水尾天皇即位。
4月　秀頼（19歳）が二条城で家康と会う。
家康が秀頼の上洛を要請。淀は反対したが、家康と良好な関係を保つことが重要と考える加藤清正、浅野幸長、片桐且元等が説得。
秀頼の上洛は、秀吉の死去で秀頼が伏見城から大阪城に移って以来、12年振りであった。徳川義直、頼宜が出迎え、片桐且元、織田有楽、大野治長、加藤清正、浅野幸長が秀頼に御供した。
会見は二条城で行われた。家康が自ら秀頼を庭上まで出迎え、秀頼は庭から座中に上がり、「御成《おなり》の間」で対面。秀頼は家康を上座にして家康に拝礼した。秀頼の自発的行動とされる。舅と婿、従1位家康と正2位秀頼の関係によるものとされる。

饗応には秀吉正室高台院同席。饗応はお吸い物を食したのみで終わる（毒殺への配慮）。饗応後、秀頼は豊国社参詣し、大阪へ戻った。途中まで家康の子の義直、頼宜が見送っている（秀頼安全のための人質）。

家康は豊臣と徳川の序列を覆したとの思いと同時に、自分を弁《わきま》えた秀頼に脅威を感じたとされる。

4月　家康は上洛諸大名に3カ条（将軍秀忠の法度を堅く守ることなど）を提示、誓約させた。徳川幕府の発した法令第一号とされる。翌年正月には、上洛しなかった伊達政宗、上杉景勝を始め、殆ど全ての大名が徳川への臣従を誓い、徳川の政権基盤が強化された。徳川一門、豊臣は署名しておらず、特別扱いとなっている。

5月　加藤清正病没（53歳、毒殺とも言われる）。同年に浅野長政（65歳）、堀尾吉晴（65歳）、真田昌幸（65歳）没。耶蘇教禁止。

慶長17年　公家衆に「家々の学問、行儀の事」につき、油断なく嗜むべきことを申し入れ。18年6月公家諸法度5カ条、勅許紫衣《しえ》法度（大徳寺、妙心寺、知恩院など勅許紫衣を伴う寺院住職については勅許以前に幕府に諮るようにした）制定。

慶長18年1月　池田輝政没（50歳）。8月浅野幸長没（38歳）、前田利長没（53歳）。16年に続き、豊臣恩顧の大名が次々と没。加藤清正、浅野幸長など秀頼忠義の豊臣武将が相次いで没し、残るのは福島正則だけとなり、家康が慎重な態度を変じる契機となった。家康は自らの没後、秀忠の器量では豊臣系武将、外様大名を統帥していくことに不安があり、徳川政権永続のため豊臣家、秀頼の滅亡へと舵を切ったとされる。

大久保長安、姦利《かんり》現れる。本人病没のため子が誅される。

大久保忠隣《ただちか》、本多正信、土井利勝、安藤重信、酒井忠世が江戸の老中、本多正純、成瀬正成、安藤直次が駿府の老中。

慶長19年3月　秀忠、右大臣、従1位。

4月　家康の孫（秀忠の娘）和子を中宮に迎えるとの詔。

2　方広寺大仏鐘銘事件から大坂冬の陣へ

方広寺大仏と鐘銘

秀頼を主と仰ぎ、忠誠を誓う加藤清正などの豊臣の有力武将存命の内は豊臣家を潰すには大きなエネルギーが必要であるが、豊臣重臣が相次いで死去。一方、幕府開設、家康の力が強まるに従い、豊臣系、外様大名が全て家康に従う流れとなった。家康も70歳を超え、限りある人生から、豊臣征討をもう待てない時期となって起こったのが大阪冬の陣、夏の陣、そして、豊臣氏滅亡であった。方広寺大仏と鐘銘事件はその切っ掛けとなった。

秀吉の造った方広寺大仏は慶長1年の大地震で倒壊。方広寺は信州善光寺の阿弥陀如来を移し本尊としたが、秀吉の病が如来の祟りではないかとの声もあり、善光寺に返却。その後、家康は、秀吉の遺した軍用金を費消させるため、秀頼に、慶長7年、銅の大仏鋳造を始めさせたが失火、14年に再開、19年4月　大仏と巨鐘が完成した。鐘銘の中に「国家安康」、「君臣豊楽　子孫殷昌《いんしょう》」の字が在った。家康側は「家康の名前を引き裂いて、豊臣を君として子孫が栄える」を意味するとの言掛かりをつけた。

鐘銘を選んだ東福寺僧清韓文英《せいかんぶんえい》は、家康、豊臣の字は意識して入れたと言ったとされる。家康という諱《いみな》（実名）を文中に使うことは当時の常識としては無礼なことであり、言掛かりとは言えないともされる。

大阪方の対応

大阪城の片桐且元が弁明に駿府に行くが、家康は且元に面会しない。代わって本多正信が対応、且元の弁明は取り上げられず、9月、且元に、「秀頼の江戸への参勤」・「淀を江戸へ（人質とする）」・「他国へ転封」のいずれかを選ぶことを迫った。

且元の弁明が手間取っていることから、淀は、秀頼の乳母大蔵卿と尼正栄《しょうえい》を家康の許へ派遣。家康は女官大蔵卿一行には自ら面会、歓待。「非を改め誠を致せば、国家無事、銘詞を問わず」と言って喜ばせ、且元より先に大阪へ帰した。

且元は帰城して交渉を報告、徳川提案3条件の一つ、「秀頼の母淀を江戸へ」案は、秀吉も実母を家康の人質に送った先例もあり、これを選んで講和すべきと説いた。淀は、家康から甘い扱いでよいとの印象を持って帰った女官の報告を信じ、且元の報告に激怒、3条件を受け入れなかった。大阪城内には且元が家康に寝返ったとして且元の命を狙う勢力が生じ、且元は10月1日大阪城を退去、居城茨木に帰る。

10月　北政所は開戦を思いとどまるよう説得に京から大坂に向かうが、途を塞がれ戻っている。大阪側の内部分裂、弱体化は家康の描いた通りに進んだ。

戦前の情勢

家康は大阪攻めを決定。11月10日伏見城に入る。

秀頼は島津家久等諸大名に大阪方への参戦を促す書状を発する。家の存続を第一と考える大名達は大阪方には付かず、大阪方に与したのは豊臣直臣の大野治長、治房、木村重成等の他は、高野から真田幸村、京から長曾我部盛親、奈良から後藤基次又兵衛、明石嘉門《かもん》などを始めとする浪人であった。

関ケ原戦で敗者となった真田昌幸と信繁（幸村）は、信幸（信之）の助命嘆願で命を助けられ、高野山への蟄居を命じられて、山麓の九度山村に暮らすこととなった。昌幸は慶長16年に没（65歳）したが、幸村は29歳から43歳まで九度山に暮らした。比較的自由な行動を認められたが、一族からの送金での暮らしは厳しく、経済的には苦しかったとされる。幸村は、九度山で竹林院殿との間に嫡男大助はじめ息子２人、娘２人を、側室との間に３人の娘をなしている。出家して左衛門入道、好白を名乗った。大阪方の誘いで10月９日九度山を下り、大阪城へ。秀頼から支度金として金２００枚、銀30貫が与えられ、入城後は５千の兵を預けられることとなっていた。

幸村は、一軍が天王寺から山崎へ攻勢、一軍が大和路から宇治、伏見を経て京に入れば、西国の諸侯が味方に付くと主張。後藤基次は、大阪城は堅固で３～５年は持つ、その間に敵に内変（家康の老死）が起ころう、遠攻は反対と述べ、衆議は籠城に決したとされる。

3　大阪冬の陣、夏の陣、豊臣滅亡

大阪冬の陣

①　戦へ

慶長19年9月7日　島津家久、細川忠興等西国大名50人から家康・秀忠に二心なき旨の誓詞を提出させる。10月1日東海、北国、西国の諸大名に出陣要請。家康軍20万、大阪方10万。

東海・東山の諸将は家康、関八州・陸奥・出羽の諸将は秀忠が率いた。豊臣の特恩を受けたもの（福島正則、黒田長政、加藤嘉明等）は従軍させなかった。福島正則は大阪の求めに応じて、安芸から密かに粟5万石を大阪へ送り、甥2人（正守、正鎮《まさしげ》）を大阪城に入れたが、これを咎められ、駿府家康の命を受けて、秀頼に「戦えば滅亡を招く。淀を関東に移し無事を計るべし。然らずんば、自分が先鋒となり大阪を攻める」と諫める書簡を出す。

大阪方は信長の弟の織田長益《ながます》（有楽斎《うらくさい》）を盟主とした（長益は秀吉の下で大和2万石）。淀の外戚ということで、大野治長と並び秀頼を輔ける柱とされた（戦中、家康に好を通じ、城内情勢を東軍に伝え、戦後、西軍（大阪方）から離脱、その子孫は徳川の大名として存続）。

② 大阪冬の陣

10月11日　家康、駿府発、23日京都着。軍議。井伊直孝、藤堂高虎が先鋒、松平忠明、本田忠政がこれに次ぐこととする。

秀忠、10月23日江戸発、11月10日京都着。

11月17日　家康は住吉、秀忠は平野に布陣。

大阪方に和議申し入れるが大阪方は肯じず。大阪方は東軍藤堂、池田等に謀反を働きかけるが功を奏せず。東軍は幸村を調略するが成功せず。

東軍諸将は争って大阪城を攻撃、片桐且元も東軍で戦う。後藤基次、木村重成、大野治房等善戦。

真田幸村は出城真田丸を築き、信濃勢１５０人、諸将５千人の守備体制で東軍に痛撃を与えた。真田丸は、大阪城東南部平野口に築いた出城で、東西約１８０ｍ、堀の深さは６～８ｍ、土塁の高さは約９ｍ。12月４日前田利常、井伊直孝、松平忠直軍が午前６時から午後４時まで攻撃、徳川の戦死者は数千名に及び、撤退。

東軍は３００挺の大砲で淀の居所大阪城本丸を昼夜を問わず連日砲撃、天守閣を傾かせ、また、堀を埋め、金掘人足に城へ向かう穴を掘削させ、淀に心理的圧迫を加えた。

家康は、本多正純、後藤光次をして城中の織田長益に和睦を勧める。和議がなれば、城内の兵は皆許すが、周池を埋める、大和移封、淀を質にとの条件を提案。大阪方は拒否するが、城中、和を願う者が多くなる。

12月18日　家康は、淀の妹の京極高次室の常高院を和議説得のため淀の許に派遣する。また、家康の側室阿茶局《あちゃのつぼね》を家康の意向の伝達者として常高院の許へ送る。

淀は、大野治長、織田長益から秀頼に和議を勧めさせる。

12月20日　本丸を残し、惣構、二の丸、三の丸破却、堀を埋め、客兵を追うこと、織田長益の子の尚長、大野治長の子の治徳を質に出すことを条件に和議成立。

二の丸の堀は幅40～60間、深さ2～4間であった。和睦後、徳川方は直ちに作業にかかり、10万人を投入して年内に堀を全て埋めてしまった。堀を全て埋めることは東西で約定されていたが、二の丸、三の丸については埋める当事者は大阪方の約束で、大阪方は埋める作業の先延ばしを考えていたが、それを見越しての家康方の行動であった。

慶長20年1月3日　家康は大阪を離れ、京都経由で2月駿府に戻る。秀忠も江戸へ。

大坂夏の陣

①　戦へ

慶長20（元和１）年３月　大阪方は堀を掘り起こし、糧食を買い集め、牢人を集め、戦争準備。

和睦後、幸村は久方ぶりに親族や真田家の宿老と面会している。幸村は、額に２、３程の疵跡、小兵の人物で、老けた感じの柔和な人物であったとされる。

大阪では、幸村は京を襲い、天皇を確保、天下に令すべしとするが、大野兄弟反対。軍を分かって３軍とし（大野治長・後藤基次等、大野治房・長曾我部盛親等、木村重成・真田幸村等）、秀頼が茶臼・岡山で指揮する作戦を立てた（現実は、秀頼出陣とはならなかった）。

織田長益父子が京に出奔。木村重成に家康の内応の手が延び、重成は拒否するが、全ては淀が決め、自分の主張は聞いてもらえず、速やかに戦死したいと伝えたとされる。

４月９日　家康、尾張着。12日浅野幸長（父長政は秀吉正室おね（高台院）の親族）の次女春姫（14歳）と尾張徳川義直（16歳）婚儀（慶長13年に婚約）。18日京都着。

なお、家康に11人の息子がいるが、先に生まれた８人のうち、信康、秀忠を除いた６人は他家へ養子に出し、関ケ原戦後に生まれた９～11男の義直（尾張）、頼宣（紀州）、頼房

（水戸）を徳川姓を持つ新たな直系家とし、将軍家の血脈を支える存在としている。
4月9日　秀忠、江戸発。21日伏見着。家康は、「牢人の全員追放か、秀頼の大和乃至伊勢への国替え」のいずれかを大阪方に求めるが、大阪方は拒否。

② 大阪夏の陣

4月　家康・秀忠は大阪城攻めを命じる。井伊直孝、藤堂高虎が中軍先鋒。4月末開戦。東軍（家康軍）15万5千、西軍（大阪方）5万5千。

堀を埋められた大阪方は野戦に出るが、相互間の連携を欠き、東軍に各個撃破される。5月6日後藤又兵衛、木村重成、薄田隼人戦死。真田幸村は大阪城の南面天王寺口の先陣に位置し、5月7日午後、越前松平忠直、本多忠政軍を撃破、家康本陣に迫るが戦死。大野治房は秀忠本陣に迫るが敗退。幸村等が善戦できたのは、東軍側は戦功を挙げても報奨は大したものでないことは明らかで、将兵は身の安全を考えたからとの見方もある。

秀頼は出陣しようとして止められ、ついに、出陣できなかった。

午後4時　本丸に火をかけられる。大野治長は千姫を城から出し、秀頼母子の助命を願う。家康は「秀頼は高野山に、淀には万石を給す」と答えるが、井伊直孝、安藤重信は、攻撃の手を緩めず、秀頼、淀の隠れる倉を砲撃。5月8日城内山里曲輪で、秀頼（23歳）、淀（49歳）母子、大野治長、治長の母の大蔵卿等自害。秀頼の妾腹の子の国松（8歳）は伏見で捕まり、京六条河原で斬首。女子（7歳）は鎌倉東慶寺で尼（天秀尼）となり、豊臣氏は族滅した。長曾我部盛親は京で捕らえられ斬首。北政所（高台院）は家康に封じ込められ動けなかった。

戦後処理、徳川支配体制確立と家康の死

1615（元和1）年6月30日　一国一城令（諸大名の居城以外の城塞の破却）を通達。
7月7日　秀忠は伏見城に諸大名招集、武家諸法度制定（文武修得・佚遊群飲《いつゆうぐんいん》禁止・法を犯すべからずなど大名の心得、諸国民の居所移動禁止、大名の居城新築禁止・補修制限・私的婚姻禁止など13条）。
7月17日　禁中並公家諸法度17条布達（天皇は古道を学び、和歌を習うべし、僧侶の紫衣・上人号勅許などの天皇の権威に干渉、制限）。
家康は豊臣の祖廟は頽廃に任せよと指示。
7月19日　秀忠離京、8月4日江戸着。8月4日家康離京、23日駿府着。10月家康、関東に遊猟、江戸に行く。12月駿府に帰る。
元和2年　1月21日家康、狩猟、罹病。

2月　秀忠、見舞いのため駿府へ。3月27日家康、太政大臣を受ける。

4月14日　家康は、諸侯伯を呼び「天下は一人の天下に非ず。将軍、政を失はば、その器の者が代わって天下の柄をとるべし」と述べ、秀忠には、加えて「政治に私曲あるなかれ。命に逆らう者あれば、親戚、勲旧といえども速やかに誅罰せよ」と述べる。徳川義直、頼宣、頼房3人の息子には「よく将軍に仕えよ」と戒める。

4月17日　秀忠には「汝、天下を何とおもう」と問い、秀忠は「将に大に乱れんとす」と答えたことに満足、家光には「汝は他日天下を治る者なり。天下を治るの道は慈に在り」と諭して没（75歳）。没後、久能山に埋葬。僧天海は廟を大権現と号す。

元和3年4月8日　下野日光山に遷座、1300人の大行列を組んだ。天皇から正1位、東照の号を賜う。家康の神号は東照大権現。家康の神格化が図られた。

家康を巡る俗説

家康は実は全国制覇の途中で死亡しており、それ以降の家康は偽物であったとする俗説がある。

その一つは、駿府で游行《ゆうこう》民の暮らす宮ノ前町の源応尼の娘の於大と諸国放浪の江田松本坊との間に国松が生まれた。国松は祖母源応尼に育てられたが、6、7歳の頃に円光院に預けられた。破門され、その後、駿府で又右エ門という者から銭5百貫で願人酒井常光坊に売られ、19歳まで願人として過ごした。やがて、世良田二郎三郎元信と名乗り、松平勢と争ったり、織田勢と争ったりしていた。桶狭間戦後間もなく、松平元康が家臣に刺殺され、元信が元康になりすました。駿府政事録に基づくとされる。

二つ目は、関ケ原戦当日朝、霧が深く立ち込めていた。家康が乗馬、出陣しようとした時に、使番に扮した西軍（島左近）の忍により家康は刺殺された。その忍を家康の影武者が切りつけた。影武者は世良田二郎三郎元信で、以降、元信が家康になり替わった。徳川実記の記述からの推理とされる。

三つ目は、家康は、大坂夏の陣で籠の外から後藤又兵衛に槍で刺殺され、小笠原秀政（信濃松本藩主8万石）が家康に成り代わり、家康役を務めた。家康が殺されたことから、豊臣残党狩りは苛烈となったとする。

いずれの話も、信用するのは如何なものかと考える。

4　秀忠、家光──家康没後の徳川体制の整備

秀忠の時代

元和3年1月　徳川頼宣と加藤清正の娘の婚儀（慶長14年婚約）。

元和5年　秀忠は福島正則を改易。津軽、次いで、信濃に追放。後に紀伊の浅野氏をいれ、紀伊に徳川頼宣を入れる。尾張、紀伊、水戸を御三家とする。義直は慈仁《じじん》、頼宣は雄豪、頼房は謙遜と評される。水戸頼房は江戸在住とする。

元和7年　和子を禁内《きんだい》に入れ、中宮に進み、東福院と称する。

本多正純（宇都宮15万石）を出羽に追放。駿府の家康側近として、多くの怨みをかったためとされる。

元和9年　家光上洛、征夷大将軍に。正2位、内大臣。

1626（寛永3）年8月　秀忠、太政大臣、家光、右大臣。秀忠夫人没。

寛永7年　明正《めいしょう》女帝即位（徳川氏出自）。

寛永8年1月24日　秀忠没（54歳）。増上寺に葬る。台徳公と称す。勤謹和厚、守成の人と評される。同母弟の忠吉を愛し、庶兄の秀康を重んじ、家康の命で三家を愛重したとされる。

家光の時代

寛永８年　家光は秀忠死去後、「天下が欲しくば、戦を受けて立つ」と述べ、諸侯は臣従を誓ったという。大目付を設置し監察を司らせる。

６月　肥後の加藤忠広改易、出羽に追放。後に、細川忠興を入れる。

10月　駿府の同母弟大納言忠長改易。

母の江は忠長を愛し将軍職を継がせたいとしたが、家光乳母の春日局が駿府の家康に直訴、家康の言で家光の世継ぎが決まったとされる。嫡男を世継ぎとする原則を確立、政権安定を図るためであった。

忠長は、元和に甲斐に封じられ、寛永に駿河・遠江に封じられたが、秀忠没後、乱行の廉で高崎に追放、翌年、自刃させられた。

寛永11年　家光、上洛、従１位、左大臣。

寛永14年10月　島原の乱、翌年、平定。

寛永16年　初めて大老を置き、土井利勝を任命。

寛永18年　家綱誕生。勘定奉行数員設置。

寛永20年９月　後光明天皇即位（明正の兄）。

１６４３（正保１）年　綱重誕生（甲府）。２年綱吉誕生（館林）。

1651（慶安4）年4月20日　家光没（48歳）。日光山に葬る。大猷《だいゆう》公と称す。聡明勇決、恩威並び行われると評される。

Ⅴ　家康の評価

1　日本外史、徳川実紀の記述

頼山陽（日本外史）の評価

「東照公、人となり沈毅にして、大略あり。兵を用いること神の如し。而して学を好み治を求め、人を愛して善く容れ、事を処するに必ず百世の後を規る。其の朝廷に事ふるに、恭順殊に至る。……其の政をなすに、務めて士気を養い、言路を開き、功佞浮華《こうねいふか》の習を防ぐ。」とされる。

徳川実紀の評価

信長は勇敢で鋭く、義昭を推戴するかと思ったら、たちまちに追放し、信長自身も、また、賊臣に殺された。秀吉は優れた計略をもって、自身は草深い田舎より出世して、信長の仇光秀を討ち、ついに宇内《うだい》（天下）を統一するが、驕逸《きょういつ》、奢侈に耽り、遠征に専念、万民の苦しみを顧みなかった。秀吉の余威は二世秀頼に伝わることは無かった。

このような時に、維嶽《いがく》より神が降した天下の真の主（家康）が現れた。寛仁大度の徳を備え、兵事はよく争乱に勝ち、文事はよく政治を致した。ついに、海内《かいだい》の百有余年の争乱を鎮め、天下統一の成功を遂げた。

2　考察

家康の評価

家康は信長、秀吉より若干遅く生まれ、2人に仕えたが、2人より遥かに長命であったこと、また、信長の息の信忠は信長と同時に横死、秀吉の息の秀頼は家康と争うには余りにも若年であり、頼むべき有力親族も絶えてしまっていたことは家康にとって幸であった。そうした情況を踏まえても、家康が天下を取ることが出来たのは、家康が実力を持ちながら信長、秀吉に、内心はとも角、誠実に仕え、存続を得たこと、辛抱強く、好機到来を待つスタンスを持ち続けたことである。

信長、秀吉政権の統治を近くで見て、その長所と短所、支配の在り方の要諦を学び、自らの政権構築の糧と出来たことも徳川長期政権樹立に貢献したであろう。

江戸初期の人口は約3千万、その全てが一つの政権（幕府）の下に安定して統治される体制を確立したのは家康であった。

信長、秀吉との比較

信長は天下統一を目指した稀有の存在である。その行動は専制、独裁。敵に対しては服属すればよし、しからざれば族滅、配下の将兵に対しては、能力ある者は登用、功なき者は切り捨てる、苛烈、非情なものであり、配下の武将は信長を畏怖する独裁政権であった。本能寺の変で横死も予測できないことではなかった。

秀吉は、本能寺の変での信長死去という千載一遇の機会を捉え、自らの知略を最大限に活用、瞬く間に、信長の版図を継承、その勢いで天下統一を成し遂げた。この間の秀吉の政治、戦に於ける才能は他の追随を許さないものである。しかし、天下統一後の秀吉は、朝鮮戦役の失敗、内政では専制、独裁君主となり、豊臣武将の間に亀裂も生じた。老耄《もうろう》の故もあろう。世論もその治世をよしとするものは見られなくなり、秀吉没と共に、豊臣政権は実質的には終わった。

家康は信長、秀吉と比べ、残虐無道とされる処は少ない。秀頼にしても1大名としての存続は許容しようとしていた。家康の死は徳川政権の基盤を創り終えた上でのものであり、家康を以て、元和偃武《げんなえんぶ》と言われるように戦の世は完全に終結した。ただ、家康には信長、秀吉のような華を感じる人は少ないのではなかろうか。

徳川家系図

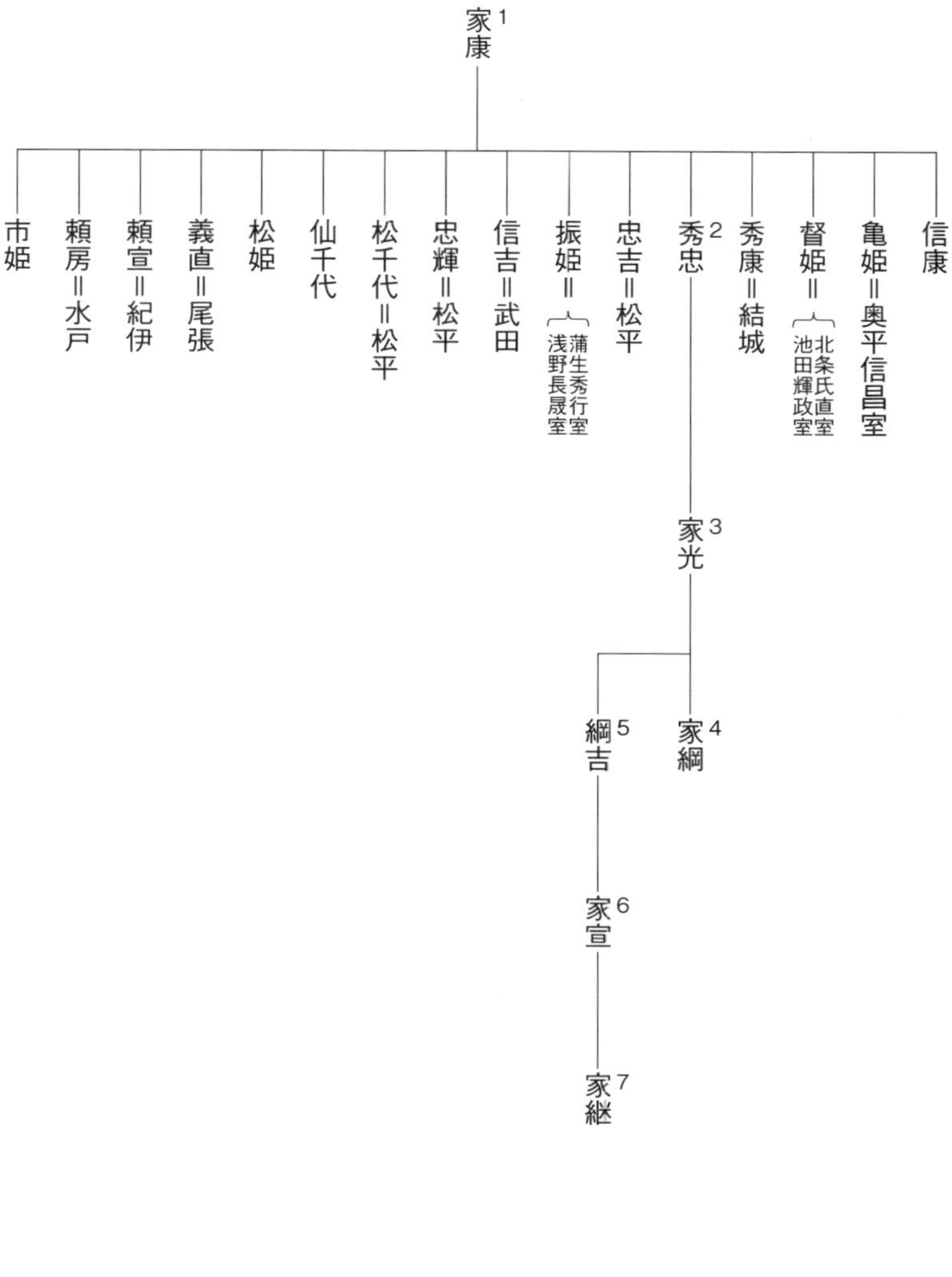
家康 1
市姫
頼房＝水戸
頼宣＝紀伊
義直＝尾張
松姫
仙千代
松千代＝松平
忠輝＝松平
信吉＝武田
振姫＝蒲生秀行室 浅野長晟室
忠吉＝松平
秀忠 2
秀康＝結城
督姫＝北条氏直室 池田輝政室
亀姫＝奥平信昌室
信康
家光 3
家綱 4
綱吉 5
家宣 6
家継 7

あとがき

戦乱の世が天下統一をへて平和の時代を迎えるまでの100有余年の歴史を記した。まさに、動乱の日本であった。

川越の戦（1546年　関東管領上杉と北条氏康）、厳島の戦（1555年　陶晴賢と毛利元就）、桶狭間の戦（1560年　織田信長と今川義元）、長篠の戦（1575年　織田信長と武田勝頼）、本能寺の変（1583年　明智光秀と織田信長）、朝鮮戦役（1592～98年　豊臣秀吉）、関ケ原の戦（1600年　徳川家康と石田三成）など、戦は、いずれも、武将の、そして、一家、一族の興亡、運命を左右するものであった。

戦は、武将だけでなく、それに参加する将兵の命運、戦の場となる地の住民の生命、財産の収奪を伴う過酷なものであった。

戦国社会は、生死を賭けた浮沈・興亡、実力が試され、大きな成功も失敗（死）もある社会であった。

戦国の世の武将達は、情報収集と調略、綿密さと図太さ、強かさ、そして、生死を賭けた決断と辛抱強さを持つ一方、諦観が同居する人々であった。

身分固定原則の下、平和な時代に生きた江戸時代の人々の前に、こうした人々の時代があったのである。この２つの時代の移行時には様々な意識、行動の交錯があったことも容易に想像される。

参照、引用させて頂いた多くの文献の著者の方々には深く感謝申し上げる。理解に誤りがあれば、全て筆者の未熟による処であり、お詫び申し上げる。

戦国時代の人々がどう考え、行動し、時代を過ごしたのかについて、少しでも実感できれば幸いと思う。

戦国時代年表

西暦	和暦	月	主な出来事
1467	応仁1	5	応仁の乱が勃発（～77）
1493	明応2	4	明応の政変
		4	北条早雲が伊豆を平定
1543	天文12	8	ポルトガル人が種子島に漂着、鉄砲が伝来する
1549	天文18	7	フランシスコ・ザビエルが鹿児島に来る（キリスト教伝来）
1554	天文23	3	武田晴信（信玄）、北条氏康、今川義元による甲相駿三国同盟成立
1555	弘治1	10	厳島の戦い
1560	永禄3	5	桶狭間の戦い
1561	永禄4	9	川中島の戦（第4次）
1568	永禄11	9	織田信長が足利義昭を奉じて上洛
		10	足利義昭15代室町将軍に
1570	元亀1	4	金ヶ崎の退き口
		6	姉川の戦い
		9	信長、本願寺との10年戦争に突入（石山合戦）
1571	元亀2	9	信長が比叡山延暦寺を焼き討ち
1572	元亀3	12	三方ヶ原の戦い
1573	天正1	4	武田信玄、伊那駒場で病没
		8	一乗谷攻め
		8	小谷城の戦
1574	天正2	9	伊勢長島攻め（第三次）
1575	天正3	5	長篠の戦い
1578	天正6	3	上杉謙信、病没

戦国時代年表

1580	天正8	8	信長、本願寺と和睦
1582	天正10	3	武田勝頼、敗死
		6	本能寺の変
		6	羽柴秀吉の中国大返し
		6	山崎の合戦
		6	清洲会議
1583	天正11	3	秀吉、賤ヶ岳にて柴田勝家を破る（賤ヶ岳の合戦）
1584	天正12	3	小牧・長久手の合戦
1585	天正13	7	秀吉、関白に任ぜられる
		8	四国平定
1587	天正15	5	九州平定
1590	天正18	3	小田原城攻め
		7	徳川家康、関東八州に移封される
		8	奥州を平定
1592	文禄1	3	文禄の役（~96）
1595	文禄4	7	秀次事件
1597	慶長2	2	慶長の役（~98）
1598	慶長3	8	豊臣秀吉、病没
1600	慶長5	7	小山会議
		9	関ヶ原の合戦
1603	慶長8	3	徳川家康、征夷大将軍となり江戸に幕府を開く
1614	慶長19	11	大坂冬の陣
1615	元和1	5	大坂夏の陣
1616	元和2	4	徳川家康、病没

参考文献

『日本外史　上・中・下』頼山陽（岩波文庫）
『読史余論』新井白石（講談社学術文庫）
『信長公記』太田牛一（ちくま学芸文庫）
『家康家伝1・2』大石学・佐藤宏之・小宮山敏和・野口朋隆（吉川弘文館）

『戦争の日本中世史』呉座勇一（新潮選書）
『陰謀の中世史』呉座勇一（角川新書）
『フロイスの見た戦国日本』川崎桃太（中央公論新社）
『戦国10冊の名著』北影雄幸（勉誠出版）
『戦国の群雄』桑田忠親（新人物往来社）
『歴史の虚像を衝く』笠谷和比古（教育出版）
『日本の歴史　下克上の時代』永原慶二（中央公論社）
『日本の歴史　一揆と戦国大名』久留島典子（講談社）
『織豊政権と江戸幕府』池上裕子（講談社）

『足利義満』小川剛生（中公新書）
『室町時代』脇田清子（中公新書）
『浄土真宗とは何か』小山聡子（中公新書）
『南北朝』林屋辰三郎（朝日新書）
『応仁の乱』呉座勇一（中公新書）
『戦国北条一族』黒田基樹（新人物往来社）
『戦国三好一族』今谷明（洋泉社）

参考文献

『武田信玄』笹本正治（中公新書）
『真説川中島合戦』三池純正（洋泉社）
『分裂から天下統一へ』村井章介（岩波新書）
『信長』秋山駿（新潮社）
『織田信長』藤田達生（山川出版）
『織田信長最後の茶会』小泉毅（光文社新書）
『本能寺の変』明智憲三郎（文芸社文庫）
『織田信長433年目の真実』明智憲三郎（幻冬舎）
『織田信長はなぜ葬られたか』安部龍太郎（幻冬舎）
『明智光秀　残虐と謀略』橋場日月著（祥伝社新書）
『秀吉研究の最前線』日本史史料研究会編（洋泉社）
『激闘　賤ケ岳』楠戸義昭（洋泉社）
『豊臣秀吉』小和田哲男（中公新書）
『偽りの秀吉像を打ち壊す』山本博文・堀新・曽根勇二（柏書房）
『秀吉の朝鮮侵略と民衆』北島万次（岩波新書）
『天下統一と朝鮮侵略』藤木久志（講談社学術文庫）
『石田三成とその子孫』白河亨（新人物往来社）
『豊臣秀頼』福田千鶴（吉川弘文館）
『北政所と淀殿』小和田哲男（吉川弘文館）
『真田信繁』黒田基樹（戎光祥出版）
『竹中重門と百姓の関ケ原合戦』三池純正・中田正光（洋泉社）
『徳川家康読本』新人物往来社（新人物往来社）
『家康は関ケ原で死んでいた』島右近（竹書房新書）
『墓が語る江戸の真実』岡崎守恭（新潮新書）

『悪の歴史』関幸彦（清水書院）
『戦国史の俗説を覆す』渡辺大門（柏書房）
『戦国時代の裏舞台大全』歴史の謎研究会（青春出版社）
『戦国10大合戦の大ウソ』森田善明（ワック）
『戦国武将勢力大地図帳』武光誠（宝島社）
『飢餓と戦争の戦国を行く』藤木久志（朝日選書）
『戦国時代の大誤解』鈴木眞哉（ＰＨＰ新書）
『戦国夜話』本郷和人（新潮新書）
『戦国武将の明暗』本郷和人（新潮新書）
『日本史の内幕』磯田道史（中公新書）
『日本史の論点』中公新書編集部（中公新書）
『日本史の新常識』文藝春秋（文春新書）
『戦国武将の選択』本郷和人（産経セレクト）
『「系図」を知ると日本史の謎が解ける』八幡和郎（青春出版社）
『ザビエルの見た日本』ピーター・ミルワード（講談社学術文庫）
『戦国大名と天皇』今谷明（講談社学術文庫）
『歴史を動かした偉人達』善田紫紺（洋泉社）
『学校では教えてくれない戦国史の授業』井沢元彦（PHP 研究所）
『学校では教えてくれない秀吉・家康天下統一の謎』井沢元彦（PHP 研究所）
『東大の日本史「超」講義』相沢理著（ＫＫベストセラーズ）
『歴史と名将』山梨勝之進（毎日新聞社）
『天下人の一級資料』山本博文（柏書房）
『敗者列伝』伊東潤（実業之日本社）
『荘園』永原慶二（吉川弘文館）

和 邦夫

（やまと・くにお）


本名は石坂匡身（いしざか・まさみ）。

1939年、東京都生まれ。

1963年、東京大学法学部卒業、同年大蔵省入省、1994年まで同省勤務、同省主計局主査、調査課長、大臣秘書官、主税局審議官、理財局長などを務める。1995～ 6年環境事務次官。現在、一般財団法人大蔵財務協会顧問。

主な著書『倭 古代国家の黎明』（大蔵財務協会刊）

動乱の日本16世紀
戦国乱世と天下布武

平成31年３月５日　初版印刷
平成31年３月22日　初版発行

著　者　和　邦　夫

（一財）大蔵財務協会　理事長
発行者　木　村　幸　俊

発行所　一般財団法人　大蔵財務協会
〔郵便番号　130-8585〕
東京都墨田区東駒形1丁目14番1号
（販　売　部）TEL03(3829)4141・FAX03(3829)4001
（出 版 編 集 部）TEL03(3829)4142・FAX03(3829)4005
http://www.zaikyo.or.jp

ISBN978-4-7547-2633-1

印刷　恵友社